新 国保保険料 収納課長奮戦記

元鎌倉市保険年金課長　**小金丸　良**

株式会社 社会保険出版社

新　国保保険料　収納課長奮戦記

推薦の言葉

国保制度は、医療を享受する国民の最後の砦として、また世界に冠たる国民皆保険制度の基盤として、わが国社会保障制度の中核を成しています。しかし、組合健保など他の被用者保険に比べ数倍もの高齢者が被保険者として加入している国保は、その医療費の激増によって財政的に大きな影響を受けていますが、これに加え、数多くの低所得者も加入していることから、保険料の未納・滞納という問題が内在し、この事実も国保財政健全化への足を引っ張る要因のひとつになっています。

本書は、国保被保険者の様々な事情による保険料の未納や悪質滞納の事例に、筆者の小金丸課長が自ら現場で相対峙し、その収納に向け努力し苦労した数年間にわたる実績をまとめたものです。

筆者のこの収納姿勢を貫く信念は、一言でいえば「社会正義と公平」という社会保障制度の原点です。しかし、原点どおりではない現実が、筆者の信念と仕事への意欲を燃え上がらせます。例えば、貧しい母子家庭から心で涙して徴収するケース、裕福な資産家にもかかわらず故意に何年も払わないという悪質滞納者に敢然と立ち向かうケース、他方では、バスに乗る金もない失業中の男性にテレフォンカードを渡して就職の手助けをするなど、収納する側の辛い心情、怒れる正義感、温かな気配り、そして筆者の誠実な人柄ゆえの苦悩…が行間ににじみ出て、人間味にあふれたドラマが展開します。

国保制度の仕組みは難しい、分かりにくいなどと一般的に言われますが、本書は具体的な保険料収納業務という「窓」を通して、国保の基本とは何か、保険料の納付とはどういうことか、さらには社会保障とは、人間とは、人生とは、そして収納業務とは何なのか…など、国保に携わっていない人でも十分に読みごたえある内容として構成されています。

そういう意味で、本書は単なる〝国保読本〟を越えた、感動的なノンフィクション・ノベルともいえる文学の風格を備えているようにも思われます。国保関係者のみならず、多くの人に本書に描かれた様々な事例を、それぞれの立場から、じっくりと味わっていただきたいと思います。

平成九年十一月

国民健康保険中央会理事長

北郷　勲　夫

目次

装丁カバー／ミロデザイン

滞納整理の原点

貧しい母娘との遭遇

事情があって夫と離婚したS・N子は三十八歳。小学校六年生の娘と二人で鎌倉市内のアパートに住んでいた。彼女はアパートの近くのスーパーでパート勤務をしている。今日は近所のファミリーレストランで久しぶりに娘と一緒に夕食をとり、外へ出るともうすっかり暗くなっていた。N子と娘はアパートに戻り、笑顔で話をしながら二階の廊下に上がった。二人が自室の前に来たとき、突然、緑色の制服を着て近くに立っていた男が話しかけてきた。

「Sさんですね」S・N子は軽くうなずいた。

「お宅の国民健康保険の料金が大分溜まっています。今日は夜間特別徴収に来ました」

N子の顔色がさっと変わった。急いで手に持っている買い物袋の中から財布を取り出す。中には一万円札が一枚だけ入っていた。

「今日はこれだけしかありませんが、あとは来月かならず払います」

N子は哀願するように一万円を制服の男に差し出した。

男の頭の中を一瞬、このお金はいらない、自分が代わりに払ってあげよう、という考えがよぎった。だがすぐに、これは「仕事」であり、私情を挟むことは許されない、と考え直した。

「では、今月はこれで結構ですよ。しかし、まだ大分滞納がありますから、来月もかならず払ってくださいね」

男は言い残して、その場を去った。

この緑色の制服の男とは、昭和六十二（一九八七）年秋、国保保険料の徴収業務に就いて半年たったときの、私である。

正直者が馬鹿を見ないこと

この夜の出来事は、私の頭の中に長く残って、折りあるごとに思い出された。一万円札を受け取る私を見つめていた娘の、なんともいえない眼差しが、私を苦しめた。

あの時、私は弱い者いじめをした後のように後味が悪かった。そして母娘にしたことを、どうすれば自分の中で正当化できるかと悩んだ。やがて一つの考えに到達した。

母子家庭でアパートに住んでいるような人でも、保険料を一生懸命に払っているのだから、経済的に恵まれていながら滞納しているという不公平を、自分は許さないことにしよう。皆が公平に保険料を払うことによってこそ、あのN子母娘のような社会的弱者にも、不利益を蒙らないように、国保の仕組みの恩恵を行き渡らせることができる。悪質な滞納者は絶対に許さない。これが自分の役目ではないか……。

もし、N子母娘との遭遇がなかったら、滞納整理に対する私のその後の心構えは、違ったものになっていたかもしれない。あの母娘との出会いが私に、「正直者が馬鹿を見ることがあってはならない」という信念を植えつけたのである。滞納整理の原点はここにあると思う。

現場に出ることが正義感・公平感を養う

保険料の収納率をアップするためには、巷間いわれているところの、口座振替えの推進、納付回数の増加、嘱託徴収員の活用、広報活動などを地道に実行していくしかない。その中でも特に重要なのが、滞納者対策、換言すれば滞納整理である。

滞納整理は一般には「辛くて嫌な仕事」だと言われている。だが、深く踏み込んでいくと、滞納整理も実はなかなか興味深い仕事であることが分かってくる。この、踏み込んで仕事ができるかどうかによって、滞納整理の成果も左右されるのである。

ではどうしたら、この嫌な滞納整理の仕事の中に踏み込んでいけるのか、私が体験で得たことを述べてみよう。

第一には、正義感・公平感を強く持つことである。しかし、これは頭の中だけで理解しても身につかないものであって、私がN子母娘との遭遇で体験したように、心で感じ取らないと本物にならない。

そのような正義感・公平感を心で感じ取るには、滞納整理の現場で苦労しなければならない。その苦労の中においてはじめて「保険料負担の公平」が実感できるのである。

第二には、滞納整理の仕事が楽しくなることである。このことにもまた、私には忘れられない体験があった。

鎌倉市の収納率

年度	現年 %	順位	滞繰 %
昭55	96.09	9	20.11
56	95.47	11	27.90
57	96.16	5	27.87
58	96.35	4	24.76
59	96.40	1	24.18
60	96.18	2	26.87
61	96.19	2	27.26
62	97.13	1	41.99
63	97.46	1	41.11
平元	97.76	1	34.10
2	97.60	1	29.85
3	97.06	1	28.34
4	96.07	2	22.38
5	95.67	2	21.72
6	95.44	3	19.10
7	96.14	1	21.85
8	96.00	1	22.10
9	96.41	1	26.18

・太枠は私の在籍年度
・滞繰とは「滞納繰越」の略で前年度までの未納分

怖さを乗り越えて

警察もマークしていた暴れ者だった

「この野郎！　ふざけんじゃねえ。なにが保険料だ」

男は怒鳴って、テーブルの上のビール瓶を右手で掴み、頭上にふりかざして襲いかかってきた。

私はあわてて立ち上がり、二階から階段を駆け降りた。玄関で靴をつっかけて外に出ると、夜空からは小雨が舞い落ちていた。昭和六十二年晩秋のことである。

その夜は最初から、いやな予感がしていた。それが的中してしまったのである。その夜の訪問は、一週間前に電話で約束をとっておいたものだった。私は男の家の前に車を停めて、約束どおりの七時に玄関の戸を開けた。

「ごめん下さい。市役所の小金丸です」

名乗ると二階から、「ここへ上がってこいよ」という声がした。

二階の部屋に上がると、男は応接テーブルの向こうのソファーの上にあぐらをかいて座っていた。すでに顔は赤くなっていて、テーブルの上には空になったビール瓶が三本。

私が男の向かいのソファーに座ると、

「どうだい、一杯飲まねえか」と言ってグラスにビールを注ごうとした。

「いまは勤務中なので、飲むわけにはいかないんですよ」

私の断りの言葉を聞いて男は素直に、「そうかい。じゃ、お茶でも飲めや」と言って、隣室にいた妻にお茶を出すよう命じた。

男の名前はTといい、当時五十五歳。妻と息子の三人でサッシ屋を営んでいた。若い時にはヤクザの世界にもいたことがある。酒が入ると前後の見境がなくなり、暴れまわる癖があった。そのためにこれまで何度も警察のやっかいになっている。

「仕事がねえときは一銭もはいらねえ」

Tは保険料を二年半ぐらい、八十万円ほど滞納していた。税金も滞納している。過去に何回か税や国保の徴収職員が支払いの督促に行ったが、大声で怒鳴られたり、刃物をちらつかせて脅されたりで、こわくてそれっきりになっていた。

お茶が入ると、Tは嫌味を言い出した。

「市役所の奴らは、土・日は休みだし、給料は毎月決まってもらえるし、いいなあ。俺なんか、仕事がねえときは、一銭も入らねえし、大変なんだぞ」

これを皮切りに、Tは次々と市に対する不満を並べた。

特に、彼の家の裏に出来た私営のテニスコートについては執拗だった。ボールを打つ音がうるさくてしょうがない。日曜日の朝など、まだ寝ているうちからボールの音がして朝寝もできない。こんな所にテニスコートを作ることを許可した市役所に、税金や保険料なんか払えるか、とまくし立てた。

Tはすでにテニスコートの事務所にも再三どなり込んでいた。責任者の家を教えろ、火をつけてやる、などと脅かしては警察に注意されていた。

私はテニスコートの許可については法律上問題がないことを説明し、溜まっている保険料を払って下さいと言った。するとTの顔が急に険しくなり、冒頭の言葉となったのである。

小雨降るTの家の前に立って私は考えた。Tは常識の通じる相手ではなく、しかも酒が入っている。危険だ。だが、このまま帰ってしまったら、二度と私はこの家に来られないだろう、と思った。私は内心怖かったが、ふたたび二階に上がった。こわい顔をしているTに、「今日はこれで帰ります」と挨拶してから、辞去した。

翌日、上司に報告した。Tのことを知っている上司は、あの札付きのワルに、怪我でもさせられたら大変だから、訪問するのはしばらく見合わせたほうが良いと忠告してくれた。

真面目に払っている母娘を思い決意

一週間が経過した。私の胸の内は、どうしても釈然としなかった。

このままTを放置しておいても、私を非難する者はいないだろう。だが、それでは、苦しい家計の中から真面目に保険料を払ってくれている、N子母娘はどうなるんだ。不公平じゃないか……。

翌週、私は再びTに電話をし、夜の七時に訪問した。こんどもまた、Tは酒を飲んでいて、テニスコートへの苦情をくどくどと述べ立てた。私はじっくりとTの言い分を聞いて、反論はしなかった。その後はいろいろと世間話をして、十一時になってから席を立った。支払いを催促する言葉はなにも言わなかった。

帰り際にTのほうから、「月末の夜七時に来いよ。分割で払ってやるよ」と言ってきた。以後、私は毎月末の夜七時に訪問し、三万円ずつ分納してもらった。後に分かったことだが、Tは保険料だけを支払って、税金のほうは払っていなかった。　Tがあの晩に荒れたのは、本当に酒のせいであったのか、あるいは、こちらの根性を試すための芝居であったのか、今となっては分からないことである。

男と男の約束

「保険証渡さぬ？　法律違反だ」

保険年金課の窓口に現れたK・T夫のがっしりした身体からは、最初から不穏な気配が立ちのぼっていた。Kは年齢が五十代の初めで、不動産ブローカーをやっており、彼の後ろには部下らしい若い男が、険しい顔つきで従っている。

「保険証を渡さないとはなにごとだ。法律違反じゃねえか。市長の謝罪文を書け！」

Kはいきなり怒鳴りあげた。窓口の若い職員は、恐れをなして私に救いを求めてきた。昭和六十三年九月のことである。

Kは保険料の一年半ぶん、四十五万円近くを滞納していた。そのために、前年十月の保険証更新時には、新しい保険証を郵送はせず、本人に直接窓口に来てもらって交付することになっていた。

だがKは、前年の十月以来ずっと窓口に来なかった。それが今日になって初めて、顔を見せたのである。

私はKに、市長の謝罪文についてはすぐには結論を出せないので、明日まで待ってほしいと告げた。

翌日、私は一人でKを訪ねた。Kの家は三百坪以上もあると思われる敷地で、木々がこんもりと繁るなかに鉄筋コンクリートの二階建てがそびえていた。

私は驚いた。が、次の瞬間、こんな広い敷地を持つ立派な家に住んでいる人物が保険料を滞納しているのに、今日まで放置していた保険年金課の対応を、恥ずかしく思った。ここでもまた、アパートに住む苦しい生活の中から必死で保険料を払っている母娘のことを思い出した。

約束通り午前九時に門のベルを押すと、すぐに家人に家の中へ導かれて、応接間に通された。

Kがソファーに座るのを待って、私の方から切り出した。

「昨日あなたがおっしゃった市長の謝罪文は出せませんが、今回の対応については市の側としても反省すべきところがあるので、その点は今後私たちも注意します」

そして保険証を手渡した。Kは無言で受け取った。

これで仕事の話は終わり、それからは二人のあいだで政治、世界経済、旅行、ボランティア活動など、さまざまな話題がでた。Kはなかなかの物知りで、洞察力も鋭いように思われ、かなり突っ込んだ話ができた。

三時間半の話合いで仕事の話一切せず

話が一段落したところで時計をみると、すでに針は十二時半をまわっていた。Kも会話を楽しんだとみえて、上機嫌だった。昼食をしていけと、強く勧められたが、固辞した。

三時間半に及ぶ話の中で、私は自分の仕事の話は一切しなかった。私はただ帰り際に玄関で、「溜まっている保険料を払ってくださいね」とひとことだけ言った。

Kは「分かった。来週の月曜日に払いに行くよ」と応じてくれた。私は「お願いします」と言って玄関を出た。

月曜日になった。私は一日中待っていたが、Kは現れなかった。翌日、私は再びKを訪ねた。彼は家にいた。私は真剣な顔で尋ねた。

「きのう、どうして来てくれなかったんですか」

「急に仕事が入り、行けなくなったんだ」

Kはまぶしそうな顔で弁解した。私は気持ちが高ぶった。

「男と男の約束じゃないですか」

Kは黙って応接間を出て行った。やがて戻ってくると、無言のままテーブルの上に四十五万円の札束を置いた。私は二千数百円のお釣りと領収書を渡した。
以後、Kは、毎月きちんと保険料を収めるようになった。

常に自身をレベルアップする努力を

Kが保険料を滞納したのは、当時の数年間に事業不振が続いたためだった。自営業者の中には高額滞納者がいるが、そのなかにはKのように物知りで洞察力の鋭い人間が少なくない。

そのような人物と話をするときには、こちらも得意な分野を持っていないと、なかなか突っ込んだ話ができない。そのように仕事以外のことで突っ込んだ話をすることによって、滞納者もこちらを認めるようになる。そうなると支払いの話にも応じてくれるようになるものである。

滞納者と仕事以外のことで突っ込んだ話ができるようになるには、つねに自分自身をレベルアップするよう努力していなければならない。

そしてなによりも重要なことは、たとえこわい相手であっても、一人で出向いて堂々と話をすることである。そうすることによって滞納者もこちらを認めるようになるものである。

確定申告書の嘘

「朝でも夜でも休日でも行きます」


夜の九時に来いとの指定であった。明らかにO・S子の嫌がらせである。

S子は七十歳を越えている老女だが、したたかな性格であった。嫌がらせだと分かっていても、ここで私が「夜は行けません」と断わったら、S子に保険料滞納を続ける口実を与えてしまう。

今日の約束を取るために、何回電話をしたことであろうか。貸ビル業と土産物店を営んでいるS子は、いつも留守がちだった。たまに電話がつながっても、今は忙しい、手が空いたらこちらから電話すると言っては、それきり連絡がなかった。

仏の顔も三度まで……。私は堪忍袋の緒が切れて、強い語調になった。

「忙しい、忙しいと言ったって、一年三百六十五日全く時間がないわけないでしょう。私は朝でも夜でも休日でも、出掛けて行きますから、とにかく日時を指定してください」

S子は私の剣幕に驚いたようである。

「それじゃ、今週の木曜日の夜九時に、自宅に来てください」

やっとつかまえた。昭和六十三年二月初旬のことである。

私はその夜九時ちょうどにS子を訪ねた。

商店街に平行する裏道に面した、小ぶりな四階建てがS子の貸ビルで、その一階が土産物店になっており、自宅は店の奥にある。

すぐに応接間に通された。十五～十六畳はあると思われる広い部屋だった。

S子は数年前に夫を失っていた。今は離婚して家に戻った娘と二人で暮らしている。貸ビルと土産物店も、亡夫が残したものである。土産物店のほうは赤字続きで、貸ビルの収入で穴埋めしても、なお全体は赤字という状況だった。

商店主たちと結託して滞納していた

型どおりの挨拶をすませると、私はすぐに用件に入った。

「おたくの保険料が二年近く、約六十万円も溜まっていますが、分納でけっこうですので、少しずつ払っていただけませんか」

「土産物店が赤字で、今は払う余裕がないんですよ。もうしばらく、待ってください」

S子は哀願する顔になった。だが、私もここで引き下がるわけにはいかない。

「おたくのように、貸ビルまで持っている人が、保険料を滞納しているのを放置するわけにはいかないんですよ」

私が強く言うと、S子は、本当に店が赤字で払えないと言い張った。

のちに分かったことだが、S子の保険料滞納は、近所の商店主数人と結託してのことだったのである。商店主たちは、市役所は適当にあしらっておけば、そのうち督促にも来なくなるから、あんたもそうしなさいと、S子に言っていたのである。

私はS子に言った。

「たとえ店が赤字であっても、保険料は払ってもらわなければ困ります。苦しければ分納でよいから、毎月少しずつ払って下さい」

だが、S子は頑として、今は金がないので店が儲かるようになったら払う、との一点張りであった。私も引けない。

「店が赤字だとおっしゃるが、こんな立派な家に住んでいて、保険料が払えないなんて信じられませんね」

するとS子は険しい顔になった。

「嘘じゃありません。それじゃ、税金の申告書の控《ひかえ》をお見せします」

奥の部屋へ消えたS子が、確定申告書を手にして戻ってきた。

未納の三十五万円が確定申告で控除されていた

「この通り赤字でしょう」

S子は申告書の表側の右下部分を指さして、どうだという顔になった。

私はそこを一瞥すると、すぐに裏面を見た、中段に社会保険料控除の欄がある。見ると案の定、「国民健康保険料」として三十五万円が控除されていた。私は言った。

「保険料を全然払っていないのに、確定申告で控除しているのは違法です。税務署に知れたら大変なことになりますよ」

S子の顔色がさっと変わった。

「この申告書は税理士が書いたので、私はなにも分からないのよ」

弱い口調で弁解した通り、事実、S子は申告書の内容を理解していなかった。もし理解していたならば、私におめおめと申告書を見せるようなことはしなかったと思う。

私はS子に、別にこのことを税務署に言いつけることはしませんが、保険料は払ってくださいと念を押した。

この指摘があってから、S子の態度が一変した。とにかく分納で支払うから、毎月集金に来てほしいと答え、その晩はとりあえず二万円を支払った。

以後、私は毎月S子の家に集金に行き、二年近くかかって完納してもらった。

S子が、滞納していた保険料を分納で最後まできちんと支払ったのは、確定申告書の不正を指摘されたためなのか、あるいはつるんでいた近所の商店主たちが次々と滞納していた保険料を払っていったためなのか、私には本当のところは分からなかった。

鎌倉市役所全景

強制加入は憲法違反？

屁理屈を盾に頑として払わず

「俺は病気なんかしないし、もし病気になっても全額自分で医療費を払うから、国民健康保険には入らないよ」

Sはこう言って横を向いてしまい、あとはだんまりを決めこんだ。ここはSの家の応接間で、テーブルを挟んでSと私が向かい合っている。二人の間には、しばらく沈黙が続いた。私はテーブルの向こうのSの顔を見つめながら、心中でつぶやいた。

（国民皆保険制度の日本では、そういうわけにはいかないんだよ。どうしてそこが分からないんだ。この強突張《ごうつくば》りめ……）

昭和六十二年初夏のことだった。当時Sは六十二歳で、妻と二人暮らし。親から相続した山林や宅地などの不動産を一万坪以上も持っており、趣味半分で中古車販売業を営んでいた。自宅の庭先には、常時十五台以上の中古車を並べていたが、売れ行きはさっぱりで、もっぱら自分で車を楽しんでいるようであった。

Sは保険料を二年間、三十万円ほど滞納していた。保険年金課の職員が何回か保険料の支払いを督促したが、Sはいつも冒頭と同じ台詞《せりふ》を吐いて、頑として払わなかった。そればかりではなかった。

「だいたい、本人の意思に反して強制的に国保に加入させるのは、憲法が保障している個人の自由権に違反しているじゃねえか。憲法違反だ!」

屁理屈である。だが、現行の国民皆保険制度により、本人の意思にかかわらず強制的に加入させることについては、国民のなかに一抹の疑問を抱く人たちがいるのも事実である。

そのため私は、最初はSに対してはソフトな態度で督促した。しかし内心では、資産があるにもかかわらず、保険料を滞納しているのは許せないと考えていた。

強権発動しかない

Sは私が何回電話をしても、時間がとれないとか、後で連絡するとか言っては梨のつぶてで、私に会おうとはしなかった。私はあきらめずに電話をかけ続け、ようやく今日の訪問を取り付けたのだった。

Sと私は二時間ほど向かい合っていた。だが、国保の強制加入制度は憲法違反であり、認められないので保険料を払わないというSの主張は変わらなかった。

過去にもこの手で、保険年金課の職員が根負けし、督促をあきらめたのだった。Sは、私にもまたその手が使えると考えている。

私は席を立って言った。

「今日はこれで帰ります。しかし、保険料を払っていただくまでは、何回でも来ますよ」

その後も、私は支払い督促の手紙を何通も出したが、反応は皆無。先の訪問から二カ月が過ぎた。

私は再びSの家を訪問するため、電話をした。Sは電話口で同じ主張を繰り返す。さらにその後の督促も、Sは無視し続けた。

「許せない」

私の胸中でなにかが燃え上がった。

「もはや強権発動しかない」

財産の差押えか、被保険者資格証明書の発行だ!

私は迷った。

ちょうどこの年(昭和六十二年)の一月から施行された改正国保法により、正当な理由がない保険料滞納者には、保険証の代わりに資格証明書を交付できることになった。

この資格証明書を使って医者にかかると、医療費の全額を支払わねばならない。後に保険者（市）に対して請求すれば、医療費の七割は返してもらえるが、それには滞納している保険料を支払うことが前提となる。

強気から一転、窓口に現われ保険証交付を願ったワケ

私はSに対して資格証明書を交付することにし、上司の了解を得た。鎌倉市の保険年金課ではこの年十月に、Sともう一人の悪質滞納者に対して、資格証明書を交付した。二人とも事前に何度も警告を受けていたためか、交付に対してはなんの異議も唱えなかった。

資格証明書の制度が初めて実施されたこの年には、神奈川県下の三十七市町村で実際に資格証明書を交付したのは、鎌倉市だけだった。数年後にはいくつかの市町村が資格証明書を交付するようになるが、当初はどこの市町村もこの制度に対しては慎重であった。

資格証明書を交付されたSは、その後も依然として保険料を払わなかった。だが、次回の資格証明書交付の時期である平成元年十月の直前になって、なんとSが保険年金課の窓口に姿を現したのである。

Sは言った。

「滞納している保険料を一括して払うから、保険証を交付してもらえないか」

強制加入は憲法違反だと主張していた強気は、すっかり影をひそめていた。保険証を手に入れてからのSは、保険料を滞納することもなかった。だが、Sが保険証を活用できた期間は短かった。保険証入手からわずか数年後に、Sはガンで亡くなったのである。

あれほど頑迷だったSが、なぜ保険証の交付を願ってみずから窓口に現れたのか、そのときには私は分からなかったが、Sの訃報を聞いて初めてうなずくところがあった。

「彼が窓口に来たときには、もう身体の不調を覚えていたのかもしれない……」

私は心からSの冥福を祈った。

国保保険料の滞納者に対し市は、財産の差押え、預貯金調査、資格証明書（保険証に代わって発行するもので、自己負担十割）の交付等々の強権発動ができる。しかし、これらの権限の行使は慎重にしないと、その効果は減殺されてしまう。滞納者とは粘り強く折衝し、どうしても誠意が認められないと充分に見極めてから、最後の手段として伝家の宝刀を抜くべきだと思う。

カラバオの財布

六回目の訪問でようやく会えた

また留守かな、と胸の内で思いながら、私は木造二階建てアパートの階段を上がった。二階の奥からひとつ手前の部屋がMの住まいだった。Mは三十八歳の独身男性で、トラックの運転手をしている。

晩秋の空はすぐに暗くなる、夕方の六時過ぎだったが、六回目の訪問のその日も、すでに外は真っ暗だった。昭和六十三年十一月のことである。

それまでの五回の訪問はすべて空振りだった。私はそのたびに、不在訪問票を郵便受けに入れてきた。

『国保保険料の集金に来ましたが、不在でした。かならず連絡をください。連絡先は……』

連絡は皆無であった。

が、私はあきらめなかった。市の連絡票を無視し続ければ、保険料を払わなくてすむと滞納者が思い始めたら、国保制度は成り立たなくなる。

ドアの横のブザーを押した。内部の様子はまったく分からない。やっぱり留守か、と思った。それでも念のためと、五秒ほど置いてもう一度ブザーを押そうとしたとき、ドアの内側から気だるそうな声が聞こえた。

「どなた」

「市役所の者です」

高鳴る胸を押さえて私は答えた。

すぐにドアが開いて、浅黒い顔をした中肉中背の男があらわれた。

内部は六畳間とダイニングキッチンがあった。Mは私をダイニングテーブルの椅子に座らせると、自分も向かい側に座った。そして私の言葉を催促するように、じっと私の顔を見て、自分からはなにも言わない。

「この財布にたくさんお金が入るように……」

私はMに、この二カ月間に五回訪問して、そのたびに不在訪問票を置いていったが、それを見たかと聞いた。

Mは顔をそらしながら、苦しそうな表情になって言った。

「ここへは週に一度しか帰ってこないので、連絡のしようがなかったんだ」

その場から逃れるようにMは立ち上がった。コーヒーを入れるからと言い、ガスレンジに火をつけた。

やがて熱いインスタントコーヒーが入ったカップが、私の前に置かれた。私は実のところコーヒーは好きではないが、Mの気持ちを害してはいけないと思い、うまそうにすすりながら、話を続けた。プロ野球の話、麻雀の話、芸能人の噂等々……。なんでもいいから、とにかくMの口を開かせたかった。

しかし、Mはまったく話に乗ってこない。二十分程が過ぎた。空になった私のカップに、二杯目のコーヒーを入れようと、Mが席を立とうとした。

それを制して私は立ち上がった。カバンの中から、カラバオの革でできた財布を取り出し、私はMに差し出した。カラバオとは、フィリピンの水牛のことである。

「コーヒーをごちそうさんでした。これは私がフィリピンに行った時に買ったものですが、使って下さい。この財布にたくさんお金が入るよう頑張っていただいて、そのお金の中から、保険料のほうも払って下さいね」

Mは、一瞬驚いた顔をしたが、素直に受けとった。彼は、滞納整理にきた市の職員から、物を貰うことなど想像もしなかったに違いない。

月末に訪問する約束をとって、彼と別れた。

引越す時には残額完納し、挨拶まで

月末が来た。私は半信半疑だった。だがアパートへ行くと、Mは私を待っていた。約束どおり、一万五千円を払ったMは、来月からは毎月、近くの市役所支所へ払いに行くと約束した。

その後Mは約束どおり、支所で毎月、分納した。私はいつしかMのことを忘れかけた。

一年が過ぎた。ある日、Mから私に電話が入った。外出中だった私は、帰ってからMの伝言を聞いた。

「今日、横浜に引越すので、溜まっていた保険料を全部払ってきました。お世話になりました」とのことだった。

私はうれしかった。そして考えた。あれほど不在訪問票を無視し続けていたMが、たった一回の、それも二十分足らずの私との面談で、きちんと支払う気持ちになり、引越しの際にわざわざ私に電話までしてきたのは、なぜか……。

やはりあのとき私が差し出した財布が、Mの心を動かしたのかもしれないと思った。

カラバオの財布は友人などに会った時にあげようと思い、いくつか買ってきたもののひとつで、何気なくカバンに入れておいたのだった。滞納者を訪問したときにあげようなどとは、思ってもいなかった。

だがあのとき、どうしても口を開こうとしないMを、私は憎めなかった。督促に来た市の職員にコーヒーを入れてくれた彼を、悪い人間だとは思えなかった。それでとっさに、まるで友人に差し出すように自然に、カラバオの財布を差し出したのだった。

滞納者が引越しをするときは、ほとんどの者が、滞納を残したまま黙って行ってしまう。Mのように、引越しに際して完納し、担当者にあいさつの電話までして去る者は稀有《けう》である。Mは私にとって印象深い滞納者の一人であった。

カラバオの財布

爽やかな上司の一喝

支払い迫ると口調が一変

「お前なんかじゃ話にならん。上司を出せ！」

電話の向こうの声が怒鳴った。私もだいぶ気持ちが高ぶってきた。

「上司が出たって、私と同じことを言いますよ。とにかく、滞納している保険料をいつまでに払っていただけるのか、予定を教えてください」

電話の男Cは四十五歳で、妻と子供二人の四人家族。洋服生地の卸商をやっている。彼は昭和六十二年一月に国保に加入して以来、保険料一年分二十五万円ほどを滞納していた。

私はCを訪問するため、まず電話を入れた。

「保険料が全然支払われていないので、うかがってお話をしたいのですが」

「いま来てもらっても困るんだ。いずれ連絡するから待ってくれよ」

強い口調だった。だが、私も引っ込まない。

「分納でいいですから、少しずつでも払ってくれませんか」

「いまは金がないんだ」

待ってくれ、の一点張りである。

「待ってくれだけじゃ困るんです。いつ払ってもらえるか、予定を聞かせてください」

私が迫ると、Cの口調が一変した。

「もともと国保は、保険料が高すぎるんじゃねえか。収入は同じでも、隣りの市と保険料が違うというのもおかしい。納得できねえ」

「財産差押えも…」にカッとなる

私は、保険料は市の条例に基づいて決めているし、市民の皆さんに公平に払ってもらっていると説明した。が、Cは引かない。

「だいたいなあ、保険料が高いのはお前たち職員の給料が高いからだ。仕事もろくすっぽしねえで、給料だけはしっかりもらって、おまけに退職するときは日本一高い退職金をもらってるんだ。そんな高い給料や退職金が払えるんだから、われわれの保険料の支払いを少しくらい待ってくれたっていいじゃねえか」

嫌味だった。この時期、たしかに鎌倉市の職員の退職金は高額だとマスコミで報道され、大きな話題になっていた。私は電話の向こうのCに言った。

「退職金が高額だったのは昭和六十年頃までのことで、現在はかなり下がっています。それに、職員の給料や退職金と、保険料とは基本的には無関係ですよ。あなたにいろいろご不満があることは分かりますが、とにかく滞納分は払ってくださいよ。一括が無理なら、分割でもいいですから」

だが、Cは依然として、「いまは払えない」と繰り返した。私が、それならばいつになったら払えるのか期限を切ってくれと言っても、応じない。押し問答が続いた。Cには払う意思がないと、私は感じた。私は強く出た。

「このままの状態でいきますと、財産の差押えをすることもありますよ」

これを聞いてCはカッとなり、冒頭の怒鳴り声になったのである。さらに、

「うるせえ！」と大声が続いたあと、ガチャンという音が私の耳の中に残った。

「文句は保険料を払ってから言え！」

それから一分もしないうちに、私の左かた二メートルにある課長席の電話が鳴った。Cからだった。

課長は受話器を持ったまま、しばらく話を聞いていた。Cは、職員の態度が悪い、職員の給料や退職金が高い、保険料が高い……と繰り返し、自らの支払いについては一言も触れない。

あまりに一方的だと思ったのか、課長も切れた。

「なにをぐずぐず言ってるんだ。そんなに言いたいことがあったら、まず保険料を払ってから言え！」

痛快な一喝。Cは電話を切った。

やがて、秘書課から課長に電話がきた。

「市民から市長宛に、保険年金課長はヤクザみたいなやつだ。クビにしろ、と苦情の電話がありました。どうしたんですか」

「どうということはないよ。滞納者のいやがらせだ」

と言って、課長はCとのやりとりを説明した。

私もほかの職員も、一陣の風が吹き抜けたような爽快さを感じた。この課長のもとでなら、思い切って仕事ができると、うれしくなった。

この一件があって以後、保険年金課の職員は以前にも増して滞納整理に励んだ。そのおかげで、鎌倉市は県下十九市でトップの収納率を達成したのである。職員が奮い立つのは、上司の言葉によってではなく、その行動（生きる姿）によってであると、私は深く肝に命じた。

頭にガツンと一発

保険料の減免申請に来たが……

文房具店を営んでいる五十代半ばのやせ形の男Tが、保険年金課を訪れたのは昭和六十二年四月の初旬、私が保険年金課に新任の係長として異動してきたばかりの時だった。彼は窓口で申し出た。

「保険料が急に上がったので、払えないから減免してください」

Tは細々と商売をしていたので、収入も少なく、保険料は年間六万円ほどだった。それが、一昨年に不動産を売却したため、昨年度の保険料が一気に三十九万円に跳ね上がってしまったのである。

もっとも、Tが所有地の一部を売ったのは、連帯保証人になっていた友人が倒産したため、その債務保証をしなければならなくなったという、気の毒な事情があった。

窓口の担当者は、Tの話を聞き、しばらく検討してから言った。

「残念ですが、私どもの減免要綱に照らして、あなたの場合は減免は無理ですね」

「要綱はそうでも、そこをなんとかしてくれませんか。実際、金がなくて払えないんだよ」

担当者は、こんどは要綱の内容をかみ砕くように説明し、やはり減免はできませんと告げた。なおもしばらく粘っていたTであるが、やがて不満顔で窓口を離れていった。

翌日、Tから私に電話があった。

「昨日、担当者からは減免できないと言われたが、あなたが係長の立場で、もう一度話を聞いてくれませんか」

私は、保険年金課に異動してきてまだ五日目だった。Tの話を聞いてあげようと思い、請われるままにTの家に出向いた。

二階建てのTの家は、一階が店舗で、二階が住居になっている。店の中にいたTが、二階に上がってくれという。店を出た外に鉄製の階段があり、それを上がったところに十畳ほどの和室があった。部屋の前の三和土《たたき》には、たくさんの靴が並んでいた。

八人の男から質問責めに遭う

部屋に入ると、座卓が二つ並べられ、その周りに八人の男が座っていた。なぜこんなに大勢の人間がいるのか、私には分からなかった。

座卓の中央の席が空いており、そこに座るように指示された。私が座るやいなや、私の向かいにいた男が言葉をぶつけてきた。

「滞納処分吏員証を持ってきたか。持ってきたなら見せてくれ」

不意を衝かれた。相手は、私が新任で、滞納整理の実務にまだ通じていないことを、見越していたのである。私は滞納処分吏員証は忘れてきたが、身分証明書は持っていると言った。

「身分証明書なんか意味ないよ。他人の家に保険料の滞納のことで来るのに、滞納処分吏員証を持っていないとは何事か」

男は言って、なおも私を責め続けた。前日にTの保険料減免を認めなかったことに対する嫌がらせだと、私は思った。後に知ったことだが、彼らはある政党系の団体で、中小企業者の経営問題や税金対策などの相談に乗り、指導をしていた。

私は滞納処分吏員証の不携帯については非を認め、今後は注意すると素直に謝った。男は一本取ったという顔になり、含み笑いを浮かべた。

が、それも束の間で、こんどは彼の左隣りにいた男が、険しい顔で口を開いた。

「何を根拠に保険料を徴収するのか」

「保険料の決め方を説明しろ」

「保険料の時効は何年か」等々。

四苦八苦して、私はこれらの質問に答えた。また別の男が質問を飛ばしてきた。まるで人民裁判だった。背中を冷や汗が流れ始めた。

滞納者である当のTは、男たちのあいだに座っているが、自分は一言も言わず、聞いているだけだった。

つねに勉強していないと滞納者にやりこめられる

八人の男がかわるがわるに私に質問を投げかける。嫌がらせだと分かっていても、逃げるわけにはいかない。彼らの狙いは、私に「それは知りません」と言わせることだと、思った。

私がもし「それは知りません」と言えば大変なことになる。市民の大事なお金を徴収する仕事をしている公務員が、自分の担当している仕事を知らないとは何事かと、大問題にするだろうと、私は思った。

彼らが次々と発してくる質問に対して、私は屁理屈も交えながらすべてに答えた。後で振り返ってみると、屁理屈どころかトンチンカンな説明をしていたところもあった。

異動してきてわずか五日目の私が、彼らの嫌がらせの質問に答えられたのは、幸運だったとしか言いようがない。

私はかつて、社会保険労務士の資格を取っていたので、医療保険や年金に対する基礎知識はあった。だからこそ、なんとかあの場面を凌ぐことができたのだと思う。そんな基礎知識がなかったなら、どうなっていたかと、あとで冷や汗が出る思いだった。

彼らは異動したての私を責め立てて失言をさせ、保険料の減免を認めさせようとしたのだろう。だが、私は屈しなかった。話し合いは二時間に及んだが、最後に私は、減免は認められないが、分納はいいですよと言って、Tの家を辞去した。Tはそれから一年以上かけて分納し、滞納の全額を支払った。

異動直後に遭遇したこの〝人民裁判〟体験は、仕事に対する私の心構えを一挙に引き締めた。まさに「頭にガツンと一発」食った感じである。滞納整理の仕事は厳しい。つねに勉強していないと、滞納者にやりこめられてしまう。滞納者の上を行く努力が必要だと痛感した。

保険年金課（奥にいるのが著者）

南国の花嫁

故郷の島の話にようやく表情和らぐ

アパートの部屋のドアが開き、中から顔を出したのは、小麦色の肌をした小柄な女性だった。黒髪で目が大きく、年の頃は二十五、六歳である。

最近結婚したS・Y夫は、妻と一緒にこのアパートに住んでいる。彼女はSの妻だろう。

「Sさんのお宅ですね」

私が確認すると、彼女は警戒する目つきで私を見て、軽くうなずいた。

Sは大きなスナックの従業員であり、その店では多くのフィリピーナ（フィリピン女性）が働いていた。Sが結婚したのはそのうちの一人である。平成二（一九九〇）年三月のことだった。

「Sはいま外出中で、しばらく帰ってこない」

彼女は日本語がかなりうまかった。

私は彼女に、自分が市役所の職員で、今日は国民健康保険の保険料の集金に来たことを説明した。が、彼女の硬い表情は変わらず、こちらの話に乗ってこない。私は彼女の気持ちを和らげようと思い、話を変えた。

「私はフィリピンが大好きでね、何回も行ったことがあるんですよ。ご主人の勤めているスナックにも、何度か飲みに行ったことがあります」

「………………」

彼女は無言だった。ドアのところに立ったままの私に、入れとも言わない。私は聞いてみた。

「奥さんはフィリピンのどこの出身ですか」

「セブ島………」

ようやく答えが返ってきた。

「そうですか。セブにも何回か行きましたよ」

私は言って、セブ島で見たものを話した。

サント・ニーニョ教会、探検家マゼランが一五二一年に上陸したときに作った十字架といわれるマゼラン・クロス、にぎやかな市場のカルボン・マーケット等々。

彼女の顔つきが変わってきた。私は続けた。

「セブにはね、忘れられない思い出があるんです」
「それはどんなことですか」
彼女がはじめて積極的な声を出した。

見送ってくれたセブ島の犬の思い出

セブ島の東海岸にあるアルガオ・ビーチに行ったときのことである。

海岸線に沿って点在するコテージのひとつに、私は四日間滞在し、ダイビングを楽しんだ。一人旅の気楽さで、朝はゆっくりと起き、近くにあるレストランで遅い朝食を摂る。レストランは海岸に面していた。壁や窓はなく、全体が吹き抜けになっており、気持ちの良い風が通る。コンクリートの床の上には、いつも多くの犬がたむろしていた。人間と犬が仲良く共生している感じだった。

私はそこで食事をするたびに、料理を半分くらいは残して、犬にやった。犬たちはすぐに私の振る舞いを覚えた。私がテーブルに着くと、彼らはすぐ私の足許《あしもと》にやってきて、料理をくれるのを待っている。

朝食のときだけでなく、私は日中もダイビングの合間にはこのレストランに来て、食事をしたりビールを飲んだりしながら、犬たちと戯れた。

帰る日が来た。セブ市に向かうバスの、いちばん早い朝六時発に乗ることにした。私は五時半にコテージを出て、バスの停留所に向かった。コテージから停留所までは真っ直ぐな道で、一キロほどある。私は砂利道を踏みしめて歩いた。早朝の田舎道には人っ子一人いない。

しばらく歩いているうちに、背後に何かの気配を感じた。振り返ってみると、一匹の犬が私の後方五メートルくらいのところを歩いている。茶色の毛をした中型犬だった。コテージを出たときから、私の後をついてきたのだろう。停留所まではまだ五百メートルくらいある。そのうちに帰るだろうと思い、私はそのまま歩き続けた。

停留所に着いて、ふと後ろを見た。まだ犬がいた。私は驚いた。犬が私を見送ってくれたのだと気がついた。胸が熱くなった。

「おいで」

私が呼ぶと、犬が手許に来た。

「ありがとう」

言いながら私はしばらく犬の頭をなでてやった。それから頭を百八十度回転させ、帰りなさい、と言った。犬はしばらくその場にとどまっていたが、私がもう一度、帰りなさいと強く言うと、ようやく道を引き返して歩き始めた。が、しばらく歩いてから立ち止まり、また私を見ている。

バスが来た。私はバスに乗り、座席の間に立って振り返り、犬を見た。犬は、私の視界から消えるまで、その場に立って、私を見送っていた。

心を開かせても報われなかった

この話を終えたときには、私がアパートに来てから三十分は経っていた。Sの妻の表情は、最初とは一変していた。にこやかな顔になり、大きい黒い目が輝いていた。

「いいお話ですね」

私は別れを告げた。

「今日はこれで帰りますが、ご主人に保険料のことを伝えてください」

「はい。わかりました。お店にもまた遊びに来てくださいね」

彼女がようやく心を開いてくれたと私は思った。二人の結婚がうまくいくようにと祈りながら、アパートを辞去した。

Sから連絡はなかった。その後、私はSの勤める店へ飲みに行ったついでに、督促した。そのときSの妻は、店の多くのフィリピーナの中に紛れて見つからなかった。Sは近いうちに市役所へ払いに行きますと言った。が、その約束は守られなかった。

私がSのアパートを訪れてから三カ月が過ぎたとき、Sが彼女と離婚したと、風の噂に聞いた。その後まもなく、Sはスナックを辞めて、他市へ転出してしまった。

Sの妻は、たしかに私の思い出話に心を開いてくれた。だが、その後のS夫婦のあいだには、国保の保険料のことなど気にとめていられないくらいの、葛藤があったのかもしれない。あるいはSが、いいかげんな性格だったということかもしれない。

このように保険料支払いの督促では、誠意をもって接しても、かならずしも報いられない。いや、一般社会と同じように、誠意が報われないことのほうが、むしろ多いのである。S夫婦のケースもその一例だった。

セブ島のアルガオ・ビーチ

日本ソバ屋の態度が一変

市役所への憤懣ぶちまける

「いまは忙しいから、あとでこちらから電話しますよ」

B・Y子はこう言って電話を切ろうとした。その手ですでに私は二回も騙されている。

Y子は四十代半ば。駅前の商店街で日本ソバ屋を営んでいるが、平成元年二月のその時点で、国保の保険料を二年分、四十万円ほど滞納していた。

もう、すっぽかしは困ると、私は強く出た。

「あとで電話すると言いながら、これまで二回とも連絡なしだったじゃありませんか。私のほうは、お伺いするのは何日でもいいし、時間も何時でもかまいませんから、ご都合のいい日時を指定してくださいよ。その通りにしますよ」

これを聞いてY子も観念したらしい。

「それじゃ、明日の午後三時に店のほうへ来てください」

翌日、私はその時間に店を訪ね、裏にある事務室に通された。Y子は小柄だが、活発な女性であった。向かい合って座ると、ぶちまけるような口調で、市役所に対する憤懣を述べたてた。

「ゴミをきちんと収集に来ないから、ゴミ袋が山になっちゃって、臭くてたまらないのよ」

「私たちのような小規模事業者に対する融資をやってくれないじゃないの」

「税金も保険料も、高すぎるわよ」

しゃべっているうちに自分の言葉で興奮したのか、さらにボルテージが上がった。

「この前も用事で市役所へ行ったけど、窓口の職員は忙しそうに対応しているのに、中のほうで座っている何人もの職員は、お茶を飲んだり、おしゃべりしていたわよ。あんなに仕事をしない人たちを雇うために税金を納めているんだと思ったら、馬鹿ばかしくなっちゃったわよ」

「あんたが来なければ払わないわよ」と嫌がらせ
私は黙って聞いていた。胸の中では「好き勝手なことを言ってるな………」と思ったが、言いたいだけ言わせることにした。

一時間が過ぎた。Y子の話が一段落したところで私は言った。

「お話はよく分かりました。ご不満の件は、私だけでは処理できないことばかりですが、問題点ありと思われるところは、関係各課に伝えておきますので、保険料のお支払いのほうもよろしくお願いします」

Y子は言いたいことを言って気分がすっきりしたのか、支払いは承知した。分割払いにしてくれという。

「今日はお金がないけど、来月の初めの同じ時間に、あんたが取りに来てくれれば第一回分を払います。来るのは、あんたじゃなければだめよ。ほかの人が来ても払わないからね」

翌月初め、私がY子の店へ集金に行くと、約束通り二万円を支払ってくれた。

その後も毎月、私は集金に行った。Y子はそのたびに「あんたが来ないと払わないよ」「最後まであんたが集金に来なさいよ」などと〝条件〟を付けた。

私が来なければ払わないというのは、もはや嫌がらせであることは明らかだった。しかし、私はそれほど気にならなかった。なにを言われようとも、確実に保険料を支払ってくれる相手は、滞納整理の担当者からみれば〝お客様〟なのである。

ある土曜日、私はオーストラリアからビジネスで来日したという二十代の女性に、鎌倉を案内していた。

私は英語が好きで、ある程度しゃべれるので、日本へ来る外国人に無料で通訳を務めるボランティア団体に入っている。その女性も、ボランティア団体から紹介されて、私が鎌倉の観光案内を務めることになったのである。

私たちは朝から円覚寺、東慶寺、建長寺と見てまわり、鶴岡八幡宮の見物を終わったところで昼時になった。彼女になにが食べたいかと聞くと、日本の食べ物ならなんでもいいと言う。

私は近くにあるY子のソバ屋を思い出した。日本が初めてだという彼女は、ソバを知らなかった。

外国人女性を連れて行ったら見せたことのない笑顔に

私たちがY子の店へ行くと、すでに店の前には数人の客が列をつくって順番待ちをしていた。

これでは時間がかかる。私はほかの店に行こうかと思いながら、ちょっと店の中をのぞいてみた。

すると、忙しそうに客席のあいだを行き来していたY子と、目が合った。

Y子は驚いた顔になった。客として店に来たことは一度もない私が、そしてY子から嫌がらせもされているはずの私が、外国人を連れて食べに来たのだから、意外に思ったのだろう。

「この女性が日本の食べ物を食べてみたいというので、ソバがいいだろうと思って連れて来たんですよ」

私が言うとY子は、私が集金に行ったときには見せたことのない笑顔になった。

そして私が、店が混んでいるようだからまたの機会にしますと言おうとしたとき、店の中の席が二つ空いた。

するとY子は外で待っている客にちょっと断りの言葉をかけてから、私たちを空いた席へと引っ張っていった。私はY子の好意を素直に受けることにした。

オーストラリアの女性はおいしいと言いながらソバを食べた。

このことがあってからのち、私に対するY子の態度が一変した。集金に行くと、素直に対応するようになった。私が来なければ払わないとあれほど言っていたのに、「あんたの都合が悪いときは、ほかの人に来てもらってもいいんだよ」と言った。

私はしばらくY子への集金を続けたのちに、若い職員に集金を代わってもらったが、Y子はひと月も欠かさずに分納を続け、やがて滞納分を完納した。

鶴岡八幡宮

フィリピンの健保制度

てきぱきしていた女医の処置

「胸が苦しくてたまらないんだ。医者を呼んでくれよ」

私の先輩のG氏が、あえぐように言った。G氏は七十代の初めで、自営業を営んでいる。平成七年十一月のある日の午前六時、フィリピンのセブ島の高台にあるホテルの部屋でのことだった。

八日間のセブ島滞在を楽しんだG氏と私は、前日に帰国するはずだった。

ところがその日は台風のために日本への飛行便が欠航し、丸一日の足止めを食ったのである。

私たちは航空会社が用意したホテルに泊った。G氏は疲労のためか、その晩から身体の不調を訴え、加えて軽い腹痛も始まった。

だが我慢強い性格のG氏は、明日こそは帰国できるという思いで耐えていた。しかし一夜明けて、こんどは胸まで痛くなってきたのでたまらず、冒頭の言葉となったのである。

私はすぐにフロントに電話をして、医者をよこしてくれと頼んだ。ホテルには常駐の医者はおらず、近くの開業医を呼ぶという。わずか十分ほどで医者が到着。女医であった。

三十代の半ばに見えたが、その服装にはびっくりした。Gパンにポロシャツ姿だ。医者には見えなかったが、動作はてきぱきしている。「患者の状態はどうか」「いつから痛んでいるのか」「その痛みは、圧迫するような痛みか、それとも針で刺すような痛みか」「吐き気はないか」等々。

彼女はそばに立つ私に次々と質問を発しながら、ベッドの上のG氏の血圧を測ったり、胸に聴診器を当てたりする。やがて診断を下した。

「心臓がかなり弱っているわ。もう一日安静にしている必要があります」

二人とも今日の飛行機で帰国しなくてはならないと私が言うと、彼女は指示した。

「それじゃ、この薬を四時間おきに飲み、こっちの湿布薬は胸に貼って、六時間たったら取り替えなさい。そして日本に着いたらすぐに医者に行きなさい」

治療費と往診料で九百ペソ（一ペソは約四円）をその場で支払った。

大部分の国民医療費は全額自己負担

G氏は帰国すると病院に直行した。病院の医師は、フィリピンの医師の処置は適切だったと評価した。フィリピンの医療技術は相当に進んでいると言われている通りだったのである。

しかし残念ながら、フィリピンでは日本と違って国民皆保険制度がない。大部分の国民の医療費は、全額自己負担になるらしい。

話がセブ島のホテルに戻る。女医が帰ったあと、私はG氏に付き添って、ホテルから空港に向かうバスを待っていた。ホテルの玄関の前に、小さな案内所があり、中に若い女性がいた。私は自分が市役所で国保事務を担当しているという仕事柄から、フィリピンの健康保険制度はどうなっているのか関心があった。

そこで案内所の若い女性に声をかけてみた。彼女はこのホテルの従業員ではなく、別の会社から派遣され、ホテルの案内をしているという。私たちはしばらく世間話をした。それから、私は今朝このホテルで友人が病気になって医者にかかったことを話して、訊《き》いてみた。

「日本では国民皆保険制度（ザ・ナショナル・ヘルス・インシュランス・システム）といって、国民全員が漏れなくどれかの健康保険に入ることになっているんだけど、フィリピンではどうですか」

「フィリピンにはそんな制度はないですよ。官庁や大きな会社の人は健康保険に入っています。だけどそれ以外の人たちは健康保険がないので、病気になったときは、医療費の全額を自分で払わなくちゃならないんです」

「今朝、ホテルに往診してもらった医者には九百ペソ払いましたよ。フィリピンでは医療費は高いんですか」

「大変高いです。私はここで一日八時間働いて、百三十ペソもらいます。それとくらべても、医療費が高いことが分かるでしょう」

日本の国民皆保険制度を誇らしく思う

私はフィリピンで親しくなった若い警官からも、彼の月給が五千ペソだと聞いていたので、なるほどこの国の医療費は高いと思った。

「じゃあ、お金がなくて、健康保険もない人が病気になったときはどうするんですか」

私が聞くと、案内所の女性は答えた。

「売薬に頼るか、家族とか親戚にお金を出してもらって病院へ行くことになります」

フィリピンでは家族や親戚の結びつきが強く、一族の中に困っている者がいると皆で助け合う習慣があることは、私も知っていた。

「しかし、どうしてもお金がない人はどうするんですか」

「そういう人は、チャリティー・ホスピタル（慈善病院）へ行けば、無料で治療してもらえます。でも、いつも患者が長い行列をなしているので、長く待たされますよ」

彼女は、フィリピンにも早く日本のような国民皆保険の制度が実現すればいいんですけど…と、最後にはしみじみとした口調で言った。私は内心で、日本の国民皆保険制度を誇らしく思った。

世界的に見ても、国民皆保険を実現しているのは、西欧の先進諸国と日本くらいである。アメリカでさえ、先ごろクリントン大統領夫人が先頭に立って健康保険制度を改革し、国民皆保険制を導入しようとしたが、産業界など各方面の反対が強く、いまだに実現していない。

日本のすばらしい国民皆保険制度は、なんとしても維持しなければならないと私は思った。その国民皆保険の中核を成しているのは、国民健康保険である。だが現実には、どこの自治体でも国保は大幅な赤字を抱えて、危機に瀕している。国保を維持するためには、われわれ担当者もいっそう努力しなくてはと、セブ島のホテルで私は思った。

フィリピン、セブ島のビーチ

「しょうがない」文化（Nとの応酬　I）

「役所側のミスなのに『過誤納』とは何だ」と厳しい抗議

「私のほうの間違いでなく、市役所のほうが金額の計算違いをして、誤った保険料の額を決めたために、私が保険料を納め過ぎたということになったんだろう。それなのに、『過誤納の通知』とはなんだ。過誤を犯したのは市役所のほうじゃないか。君たちは日本語の使いかたを知らないのか」

電話ではあるが、激しい口調でNは保険年金課の職員を責め立てた。職員は、こちらから通知を出した相手のことだから、Nが六十代半ばの年輩者であることも分かっている。

いいかげんにあしらうことはできない。

「申し訳ありません。保険料の納め過ぎの通知には、『過誤納』という言葉を習慣として使っているものですから………」

「その習慣自体が間違っているんだよ。君たちは誤った言葉を、役所言葉として平気で市民に対して使っていながら、自分たちのその誤りにも気づかないでいるんだ。公務員特有の、思い上がった無神経だよ。民間会社なら絶対にそんな言葉は使わないよ」

「はあ……」

国保の保険料は、被保険者の前年の所得額と家族の加入者数によって決められる。Nの場合、市側が誤って前年の所得額を実額よりも多く計算していた。それが正しく修正されたことにより、Nの保険料も下がった。その通知の中の言葉が問題にされたのである。

「過誤納によりあなたが納め過ぎた保険料をお返しします」

この表現では、たしかに「過誤」を犯したのはNのほうだと受け取られる。Nに責められても仕方がない……。

背中を冷たいものが流れた

これは平成八年八月のことだった。私はNの電話を受けた職員から報告を受けたとき、なるほどと思った。そして、いままでにも何年となく、市側の所得計算の間違いによる保険料の納め過ぎの場合も、「過誤納」という言葉を使って通知してきたのに、被保険者である市民から抗議を受けたことは一度もなかったことに思い当たった。

「われわれは自分たちが間違った言葉を使っていることに気がつかなかったが、市民の側では、たまに気がついた人がいても、これまでは、相手が市役所だからしょうがないと思って、黙っていただけだったのかもしれないな……」

誤った言葉を使いながら、Nが言った「公務員特有の無神経」によって、いままでなにごともなく過ごしてきたのではないかという気がして、私の背中を冷たいものが流れた。

私はただちにNに電話をかけ、数日後にNの自宅を訪ねた。応接間に通された。私はNに挨拶の言葉を述べたあと、お茶を運んできた奥さんが去るとすぐに、詫びを言った。

「今回の通知文に記載されていた言葉は、あなた様のご指摘どおり誠に不適切なものでした。いままで慣例でずっとこの言葉を使ってきましたが、今後は適切な言葉に改めます。どうも申し訳ありませんでした」

「分かった。そのことはもう問題にしないよ。しかし、市役所の仕事を見ていると、ほかにもいろいろ気になることがあるね」

Nはうなずいて、おだやかな口調で答えた。だが、「気になること」とはなんであるかについては、すぐには触れようとはしない。私はそれとなくNの経歴を聞いてみた。

Nは長年のあいだ商社に勤め、海外駐在の経験も多い。その商社の役員にもなって、二年前に退職した。その話ぶりからも、Nが仕事のできる男で、物事に対する見方もシビアな人物だと分かった。いいかげんなことを、そのままにしてはおかないタイプなのである。

日本語にだけあって英語にない言葉

雑談が日本経済の話になった。Nによると、日本経済は今世紀中にはよくならないという。それは銀行の不良債権問題がいまだに片付かないことに象徴されるように、日本経済の構造改革が実現されていないためだとのことだった。

Nはふと話題を変えた。

「君、先週の八月七日付け日経新聞第一面のコラム『春秋』を読んだかね」

私は日経新聞は毎日読んでいるので、聞き返した。

「たぶん読んだと思いますが、どんな内容のものでしたか」

Nはまっすぐに私の目を見ながら言った。

「それはね、『しょうがない』とか『仕方がない』に当たる言葉は、日本語にだけあって、英語にはないという話なんだよ」

「はい………」

私はうなずきながら、頭の中でその記事の内容を思い出そうとした。

Nは続けた。

「日本人は、それは法律で決まっているからしょうがないとか、会社の命令だから仕方がないとか言って納得してしまい、問題があっても深く追及しようとはしない。しかし欧米人は、この『しょうがない』『仕方がない』というのが理解できないんだね。そのために、英語に訳すこともできない。ところが日本では、いつまでも『しょうがない』というぬるま湯の文化に浸っているから、民主主義が根付かないのではないか、とコラム『春秋』の筆者は書いているんだよ」

「その話は読みました。私もそう思います」

私が答えると、Ｎはそれ以上は言わず、なにげなくまた話題を転じた。

「ところで、国保の保険料はどのようにして決めるのかね」

それから始まった話の厳しさに、私はハッと気づいた。Ｎは、自分は市役所が決めたことだから「しょうがない」と甘んじているわけではない、問題があれば「深く追及」していきますよと、私に暗に告げていたのである。

鋭い追及（Nとの応酬　Ⅱ）

加入者が納める保険料は総医療費の四七パーセント

「国保の保険料はどのようにして決めるのかね」

平成八年夏の、Nの家の応接間での対座が続くうちに、私はNからこう尋ねられた。

国保加入者にとって、自分たちの保険料がどのようにして決められるかは、大変関心のあるところだろう。Nも、保険料の決めかたについて私に突っ込んだ質問をする気らしい。

彼は、たとえお上《かみ》が決めたことであろうと、間違いがあれば、自分は大方の日本人のように「しようがない」ではすませないぞ、と言っているのである。

私は国保の財源の内訳から説明していくことにした。

「国保で一年間に支払う総医療費に相当する額を、加入者に納めていただく保険料と、国や市が法定によって国保を補助する負担金とによってまかなっています。たとえば今年度の平成八年度は……」

と、私は頭の中でおおよその数字を思い出しながら続けた。

平成八年度の鎌倉市の総医療費は約七十三億円である。このうち国保加入者が納める保険料は約三十四億円で、総医療費の四七パーセントを占める。他には国の負担金が約二十八億円（三八パーセント）で、市の負担金が約十一億円（一五パーセント）である。市の負担金の中には、法定義務としてのもののほかに、市が任意で国保に繰り入れている七億四千万円が含まれている。

一般市民はなぜ国保に二重負担させられるのか？

「このように保険料として入るべき三十四億円を、国保に加入している約二万八千世帯に、負担して支払ってもらっているわけです」

「なるほど。すると国や自治体からもらう負担金の額が増えるほど、加入者が負担する保険料は安くなるわけだね」

「そうです。しかし、国の負担金は一定の率が決まっているので、鎌倉市の国保だけがよその自治体よりも多くもらえるわけじゃないんです」

「それなら、市が出す任意の繰入金の七億四千万円というのはなにかね。鎌倉市は法定の負担金以外にも、国保の保険料を安くするために、特別に国保に税金を注ぎこんでいるんじゃないのか」

Nは元商社の役員だけあって、問題のありそうな点を鋭く衝いてくる。応接間には冷房が効いているのに、私は汗が出てきた。

「たしかに任意の繰入金は、国保の保険料を安くするためのものですが、しかしこれは、ほとんどどこの自治体でもやっていることですよ。財政に余裕のある自治体なら、鎌倉市のように総医療費の一割程度ではなく、もっと高率の任意繰入金を出しているところもあります。鎌倉市の一割というのは、神奈川県の十九市のなかでは六番目に高い率です」

「そうか。やはり鎌倉市は、法定の繰入金のほかに、二重に国保に注ぎこんでいるわけだね。それなら国保に加入していない市民は、なぜ自分たちまで、国保のために二重の負担をさせられるのかと、怒るだろう」

「はあ、しかし……」

「しかし、なんだね」

「たしかに法定の繰入金以外にまで国保に注ぎこむのは、変則かもしれません。しかし、どこの自治体でも国保の運営は苦しいので、これは一般的に行われていることなんですよ」

「原則からみておかしいことを、どこでも一般的にやっているというのでは、よけいに悪いじゃないか」

「…………」

原則論で迫られると、反論ができない。

論議し納得してから利益を受けたい

国保の運営にはさまざまな困難と矛盾があって、このような自治体の二重負担も、そんな本質的な問題のひとつなのである。

それにしても……と私は思った。Nは国保の加入者なのだから、任意の繰入金の率が高ければそれだけ保険料が安くなって恩恵を受ける立場なのに、なぜ原則論を持ち出して反論するのか……。

私にそんな疑問が生じたのを察知したのか、Nは皮肉そうな笑みを浮かべながら言った。

「私はたしかに任意の繰入金で利益を受ける立場である国保の加入者だ。しかし、任意の繰入金がおかしいと思えば、どんどん論議すべきだと考えているんだ。役所が決めたことだからしょうがない、と、無批判に受け入れたくはないよ。そのことによって自分が利益を受けるにしても、堂々と論議をして、納得してからその利益を受けたほうが、気持ちがいいじゃないか」

Nは日本的な「しょうがない」文化をどこまでも拒否しているのだと、私は思った。この人はなかなか骨のある人物だと思いながら、私はハンカチを取り出して額の汗を拭った。

「良心的にお考えなんですね。……たしかにこの任意の繰入金の問題については、いろいろな考えかたがあるのは事実です」

「ではかんじんの、国保の加入者の保険料はどのようにして決めているのかね」

Nの追及はやまなかった。

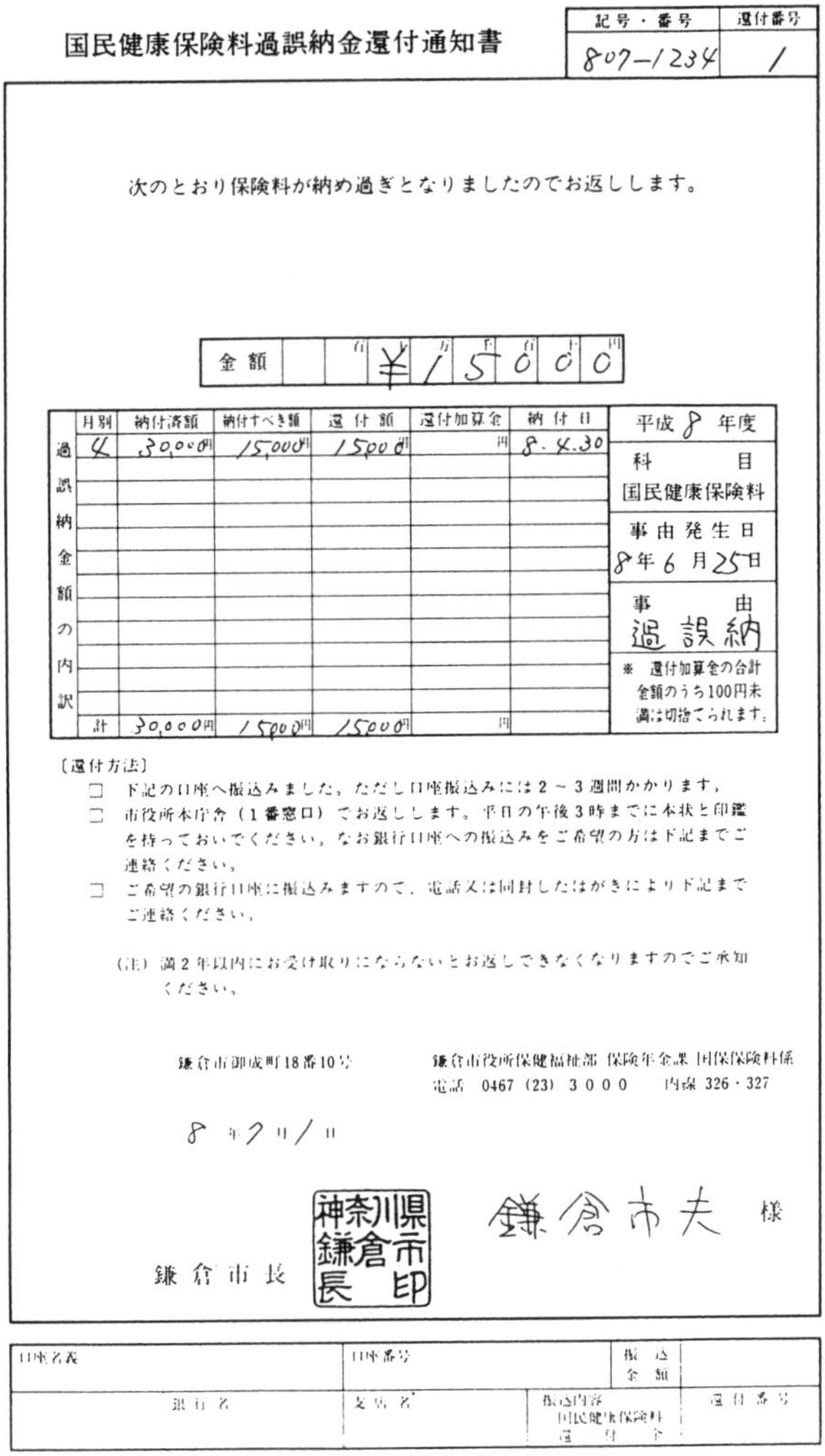

国民健康保険料過誤納金還付通知書

記号・番号	還付番号
807-1234	1

次のとおり保険料が納め過ぎとなりましたのでお返しします。

金額 ¥15000円

	月別	納付済額	納付すべき額	還付額	還付加算金	納付日
過誤納金額の内訳	4	30,000円	15,000円	15000円	円	8.4.30
	計	30,000円	15000円	15000円	円	

平成8年度

科目 国民健康保険料

事由発生日 8年6月25日

事由 過誤納

※ 還付加算金の合計金額のうち100円未満は切捨てられます。

〔還付方法〕

□ 下記の口座へ振込みました。ただし口座振込みには2～3週間かかります。

□ 市役所本庁舎（1番窓口）でお返しします。平日の午後3時までに本状と印鑑を持っておいでください。なお銀行口座への振込みをご希望の方は下記までご連絡ください。

□ ご希望の銀行口座に振込みますので、電話又は同封したはがきにより下記までご連絡ください。

(注) 満2年以内にお受け取りにならないとお返しできなくなりますのでご承知ください。

鎌倉市御成町18番10号

鎌倉市役所保健福祉部 保険年金課 国保保険料係

電話 0467（23）3000 内線 326・327

8年7月1日

鎌倉市長 神奈川県鎌倉市長印

鎌倉市夫 様

口座名義	口座番号	振込金額
銀行名	支店名	振込内容 国民健康保険料 還付金 / 還付番号

国民健康保険料過誤納金還付通知書

老人医療は別枠（Nとの応酬　Ⅲ）

保険料の決めかた

Nから国保加入者の保険料の決めかたについて聞かれた私は、その話なら問題はないと思った。

「国保加入者の保険料は各世帯ごとに決めます。つまり、一世帯の料金は、世帯の所得を合算した所得額と、その世帯の加入者の人数と、一世帯の定額という三つの基準によって決めます。ですから所得額と加入者の人数によって料金に差がでてきます」

「所得額と加入者の人数では、保険料を決めるウエイトとしては、どちらが高いのかね」

自宅の応接間で私と向かい合っているNは、細かいところまでゆるがせにしないという感じで質問した。私はN夫人が新しく持ってきた冷たい飲み物を口にしてから答えた。

「鎌倉市の場合は、保険料のうち六五パーセントを所得額によって、残り三五パーセントを加入者数と世帯の定額によって決めています。市町村によっては、所得額によって決める割合を五〇パーセントにしているところもあるなど、細かい比率はまちまちです」

私は所得額や加入者数による計算のやり方も説明した。さすがのNも、そこにまでは疑問点を見つけられないようだった。

「それじゃあ、国保の総医療費の内訳はどうなっているのかね」

Nの次の問いに、私は平成八年度の国保予算の数字の概略を思い出して説明した。

「総医療費は、退職者医療（国保加入者のうち厚生年金や共済年金を受給している七十歳未満の人たちの分）の分を含めますと約九十億円です。そのうち医療機関に支払う直接の医療費は約五十五億円です。他は、加入者の出産時と葬祭時に支払う給付金（出産時一人につき三十万円、葬祭時一人につき七万円）や高額療養費（一カ月の医療費の自己負担額が六万三千六百円を超えた場合に、その超えた額）の支給などに約七億円で、老人保健拠出金が約二十八億円です」

老人医療は対象者が少ないのに医療費は高い

「老人保健拠出金というのは？」

「七十歳以上の老人の医療費は、老人保健制度として、国保とは別枠でまかなわれています。市はその老人保健制度に対して、国保の歳出予算から拠出金を出しています。この拠出金のことを老人保健拠出金、略して老健拠出金といっています」

「老人医療費はなぜ別枠になっているのか」

「老人は病気にかかる率が高いので、老人医療費が大きな負担となるんですよ。そこで国保だけではなく、社会全体で負担しようということで別枠になっているわけです」

「なるほど……」

「平成七年度の場合、鎌倉市の国保の被保険者は約五万二千人で、そのうち老人医療の対象者が約一万四千人います。このように老人医療の対象者のほうが少ないのに、実際にかかった医療費は国保の二・四倍です。医療機関に支払った金額は、国保では、今言いましたとおり約五十五億円ですが、老人医療のほうは百三十億円にもなっています」

「それなら老人医療費は、市からの拠出金だけでは足りるわけがないね」

「そうなんです。老人医療費の七〇パーセントは、すべての医療保険が出し合う拠出金によって、まかなっているわけです」

「すべての医療保険とは……?」

「私たち公務員が入っている共済組合、大手企業の従業員が加入している組合健保、中小企業の従業員などが加入している政府管掌健保、船員が加入している船員保険、それに市町村の国保ですね」

「では老人医療費の残り三〇パーセントは、どこが負担するのかね」

「二〇パーセントを国が、五パーセントずつを県と市町村が負担します」

「なんだ。国保を運営している市町村は、老健拠出金や負担金を出す反面で、それよりももっと多くの補助金を、ほかの医療保険や国、県からもらう仕組みになっているんだな」

組合健保加入者もやがて国保の恩恵を受ける

「そうです。鎌倉市の場合、平成七年度には老健拠出金としては、国保から二十七億円、市の負担金としては一般予算から八億円、計三十五億円出しました。しかしそのかわり、すべての医療保険が出した拠出金や国・県から、計百二十二億円をもらいました。それで老人医療費の百三十億円をまかなったわけです」

「出したのと、もらったのとを差し引きすると、だいぶもうかったことになるね」

皮肉そうな笑いを浮かべて、Nは続けた。

「道理で、私が商社時代に入っていた会社の健保でも、給料からガッポリと保険料を差し引かれたわけだ。私は会社だけの健保に入っていたつもりなのに、実際には健保から出す老健拠出金まで負担させられていたんだな」

私は急いで反論した。

「市町村の国保の運営はどこでも苦しくて、赤字のところが多いから、よそから多くの補助金を受けざるを得ないんですよ」

「ふむ…………」

「確かに、組合健保の中には、おっしゃるとおり、老健拠出金が高いと不満をもっているところが多いことも事実です。しかし、国保以外の医療保険では、七十歳以上の老人の加入者は少ないでしょう。そして、それらの医療保険の加入者も、定年退職されたあとは国保に入って、やがて七十歳になればみな老人保健制度の恩恵を受けることになるんですよ。ですから、ほかの医療保険の加入者も、自分たちの老後のためだと思って、老健拠出金の負担を理解していただきたいですね」

「そういえば、定年退職して国保に入っている私も、あと数年で老健制度のお世話になるわけだ…………」

Nはうなずいて、自分も冷たいものを飲んだ。

市長と面談する「シャトル・トーク」を所管する『市政情報相談室』

滞納保険料の穴埋めは誰が負担？（Nとの応酬 Ⅳ）

滞納率は九パーセント

Nの家の応接間での対峙が続いている。縁側でスダレが揺れていた。Nがまた口を開く。

「ところで、国保の担当者としてはなにがいちばん大変なことかね」

よい質問をしてくれたと思い、私は答えた。

「加入者に保険料をいかにきちんと支払ってもらうかということですね。特に、滞納している人たちに、どうやって保険料を払ってもらうかに苦労します。保険料を払わない人を放置しておくことは、国保の財政を悪化させるだけでなく、真面目に払ってくれている人との公平を欠くことになるんですよ」

「なるほど。では滞納者に対しては、どのようなことをしているのかね」

「払ってほしいと督促する文書を出したり、払ってくれるように電話で交渉したりします」

「そういうことをしても、なお払わない人に対しては、どうするのかね」

「最終的には本人に会って、よく話し合います。相手の事情にも耳を傾け、相手と一緒に考えて、少しずつでもよいから滞納が減っていく方法を見つけ出すわけです」

「それは大変だね。手間と時間がかかるうえに、苦労が多いだろうな」

釣りで日焼けしたというNの顔に、ねぎらいの色が浮かんだ。滞納整理の仕事の苦労を理解してくれる人は少ない。私はNの言葉がうれしかった。

「で、滞納者はどれくらいいるんだね」

「鎌倉市の場合、平成七年度では国保加入の約二万九千世帯のうちで九パーセント、約二千六百世帯です」

国保だけが高い滞納率の悩み抱える

「国保以外の健保の滞納率はどれくらいかね」

「詳しくは分かりませんが、組合健保など国保以外の健保はみな、保険料の半分あるいはそれ以上を雇用主が負担するうえに、加入者が払う保険料は給料から天引きで徴収されますから、滞納率はゼロに近いんじゃないでしょうか」

「そうか。国保だけが高い滞納率という悩みを抱えているわけだね」

「国保は他の健康保険に入れない人をすべて引き受ける受け皿ですから、支払いが困難な世帯が含まれるのも仕方がないことなんですよ」

私はNの嫌う「仕方がないこと」という言葉を思わず使ったが、Nはとがめなかった。それどころか、「受け皿だからこそ国保は国民皆保険制度の柱になっているわけだね」と言ってくれた。

だがNは、ほめるだけということはあり得ない性格らしい。

「さっきの鎌倉市の国保の滞納のことだが、金額ではどのくらいかね」

「平成六年度までの累積の滞納分が二億八千万円、平成七年度のみの滞納分が一億七千万円で、計四億五千万円ですね」

「すると、その滞納分だけ鎌倉市の国保の予算に穴があくということになるね。その穴は誰が埋めるのかね」

Nは経理にも詳しいのか、痛いところを衝いてきた。私は慎重に言葉を探して言った。

「実のところ、保険料の滞納分は、加入者全員で負担することになります。つまり、最初に保険料を決めるときから、保険料の徴収率を一〇〇パーセントに設定するのではなく、三パーセント程度の滞納を見込んで、九七パーセントで計算しているんですよ」

「ということは、われわれは三パーセント分を余計に払わされていることになるんだね。まるで消費税のようだ」

Nは皮肉そうな笑いを浮かべた。

滞納分の穴埋めを誰が負担するのかは、やっかいな問題である。その穴埋めは加入者全員（被保険者集団）でするべきだとの考え方と、国保運営の主体である自治体（保険者）が負担すべきだという考え方と、両方がある。だからNの言葉にも一理があった。私は答えた。

「おっしゃる通り、加入者の立場からすれば、滞納を見込んで保険料が上積みされるのは釈然としないかもしれません。しかし、滞納分を市が負担することになると、こんどは国保に無関係の一般市民の税金を投入することになりますからね、これもまた問題があるわけです。いずれにするか、今後も議論しなければならない課題だと思います」

これに対しNは深追いはせず、話を転じた。

「医療費上がれば保険料上げる、は安易な発想」

「保険料が毎年上がっているが、これは医療費が上がっているためなのかい」

「そのとおりです」

過去十年間の保険料は、市長選挙の年に政治的理由で据え置いた以外は、毎年上がった。

「医療費が上がったら、それをただちに保険料に転嫁して値上げしていくというのは、役人の安易な発想だと思う。民間なら、まず自助努力をして値上げしないことを考える。役所は考えが甘いのではないか」

「私たちも値上げを押さえる努力はしています。まず医療機関からくる請求書であるレセプト（診療報酬明細書）をチェックし、過大な請求や誤った請求がないかを審査しています。平成七年度にはこのレセプト点検の結果、約八千万円の医療費が減額になりました。また、滞納を少しでも少なくするために、保険料の徴収に力を入れています」

「値上げを押さえるためには、もっと他にもやれそうなことがあるという気もするが……。ま、このへんにしておこうか」

Nはやっと私を解放してくれるらしい。

が、最後に注文がついた。国保の問題だけでなく、市政全般につき市長にも聞きたいことがあるから、市長との面談の場をつくってほしいという。

疑問点はあくまでも追及するというNらしい要望だと、私は思った。

幸い、竹内謙市長は月に一回、市民と個別に面談する「シャトル・トーク」なる制度を設けている。私はNの家を辞したあと、その制度でNが竹内市長に会えるように手配した。

三週間後にNから私に、竹内市長に会って意見を述べてきたとの連絡があった。

間に合った国保加入

内縁の夫を自分の国保に入れたい

「内縁の夫を近く私の籍に入れますので、夫を私の国保に入れてもらえないでしょうか」

保険年金課の窓口に来た五十代半ばのS子は、遠慮がちに私に言った。平成八年十一月中旬のことである。

S子は私の知人に私への紹介を頼んで、私に会いにきた。なにか事情がありそうだった。私はS子を、人のいないカウンターの端に呼んで、詳しく話を聞いた。

S子は鎌倉市の××町で、五歳年上のK雄と、中学三年生の娘との三人で暮らしているという。

S子は電子部品工場にパートで勤め、K雄は二カ月前までソバ屋で調理人をしていた。

「私たちは長らく入籍せず、K雄は国保にも加入しないでやってきました。でも、ここへきてどうしても、Ｋ雄を私の国保に入れてもらいたい事情ができまして……」

というＳ子の表情には必死の思いが見えた。

Ｓ子とＫ雄は十六年前、東京の居酒屋で知り合った。居酒屋の女主人と友達だったＳ子が、勤め帰りにその居酒屋に寄ったときに、客としてＫ雄が来ていたのである。当時Ｋ雄は都内の和食の店で調理人をしていた。

Ｋ雄には妻と二人の子供がいた。Ｓ子は四十歳で独り身だった。Ｋ雄は妻子を捨てて家を出て、Ｓ子と暮らすようになった。

Ｓ子があとで知ることだが、Ｋ雄には多額の借金があって家には戻れないという事情があった。やがてＳ子とＫ雄の間に娘が生まれた。

その後、平成元年に親子三人は鎌倉に移ってきた。Ｋ雄は調理人として市内の飲食店で働き、Ｓ子は自宅に近い電子部品工場でパート勤めをした。

Ｓ子は親子三人の暮らしに満足していた。Ｋ雄は穏やかな性格で、娘も素直に育っていた。Ｓ子は内縁関係であることが気にならないわけではなかった。だが、借金があるＫ雄が、離婚話をしに妻のところへ戻ることができない事情も分かっていたから、自分の入籍話を持ち出すことはしなかった。

末期がんで余命一カ月

S子と、彼女の籍に入っている娘は、国保に加入していた。K雄だけが未加入だった。

「国保に入るには、住民票を移さなくちゃいけないから、めんどうだ。おれは身体が丈夫だから、国保はいらないよ」

とK雄は言っていた。事実、彼は病気らしい病気をしたことがなかった。

だが、三年ほど前から、K雄はときどき足が痛むようになった。痛みはそれほど激しいものではなかったので、薬局で買った貼り薬やマッサージでごまかしていた。

一カ月前、K雄が急に腹痛を訴えた。激しい痛みであった。S子が付き添って近所の医者に行った。診察した医者は病名を言わず、すぐに入院せよと言い、病院への紹介状を書いてくれた。病院で検査を受けた。病院の医者がS子だけを呼んで言った。

「お気の毒ですが、もう手遅れですね。ガンが身体中に広がっていて、手術はできません。余命は一カ月位でしょう」

S子は目の前が暗くなった。K雄の足の痛みは、ガンのせいだったらしい。

「足が痛みはじめたとき、主人が国保に入っていて、もっと早く医者に行っていたら、早期発見で助かっていたかもしれません………」

S子は目に光るものを見せて私に言った。

K雄の命の心配の上に、治療費の心配がS子に重くのしかかった。K雄には最後まで充分な治療を受けさせてやりたい。だが、無保険では巨額な費用がかかる。どうすればよいか。すぐに考えたのは、自分の国保にK雄を加入させることだった。

晴れて被保険者となり五日後に死亡

時間がない。

S子はK雄の住民票を取るために、K雄の旧住所の都内区役所に行った。

そこでも一つのショックがS子を待ち受けていた。K雄の住民登録は抹消されており、そして戸籍からは妻の名が抜かれていた。すでに十三年前、つまりK雄がS子と暮らすようになってから三年後に、K雄と妻の離婚が成立していたのである。

区役所で聞くと、配偶者が三年以上行方不明の場合、残されたほうが裁判所に申し立てれば離婚が成立するという。K雄の場合、妻が裁判所に離婚を申し立てたのだった。

この離婚成立をもっと早く知っていれば、K雄はいつでも私を入籍できたのに………。

S子は複雑な思いに沈んだ。

と同時に、いまならすぐにでも入籍できると気づいた。K雄には財産などないが、K雄が名実ともに自分の夫であったことの証《あかし》として、そしてなによりも娘のために、入籍をしたかった。

娘は父親を見舞いに病院に来て、病室の入り口にかけられた父親の名札が母や自分の姓と異なっていることに気づき、帰宅してからS子を問い詰めたのである。娘はS子から事情を聞いて泣きじゃくったが、最後には理解してくれた。

だが、いまや父親と娘の姓を一致させることができる。それも、S子と娘が姓を変えずにすむように、K雄がS子の籍に入ればよい。

S子はベッドに横たわるK雄に、離婚が成立していたことを知らせてから言った。

「あなた、私の籍に入ってくださいね」

「うん。もっと早く戸籍を調べてみればよかったのに、ほっておいて悪かった」

K雄は痩せ衰えた頬に涙を流した。もう何日も生きられないことが明白だった。

S子がK雄の住民票を持って来ると、私は即座にK雄の国保加入の手続きをした。K雄は晴れて国保の被保険者となった。

K雄が亡くなったのは、それから五日目だった。訃報を聞いた私は、K雄の冥福を祈るとともに、国保加入が間に合ってよかったと思った。

本当に払えぬ滞納者

「テレビも電話もないんだよ」

「金が全然ないんだよ。仕事も見つからないから、毎日こうやって家でブラブラしているしかないんだ。差押えでもなんでもやってくださいよ」

Y夫は淡々とした口調で私に言った。平成九年一月下旬某日の夜七時過ぎである。

その日、私はそれまでに何回か保険料支払いの催告を出しても応答のない滞納者の自宅を数軒訪問し、最後にY夫のアパートに来た。

Y夫は過去二年間、保険料を全く払っていない。催告文書には、保険料の支払いについて相談をしたいので市役所へ来てほしいとも書いてあるが、Y夫は来なかった。そこで私は本人が在宅していそうな時間に、こちらから出向いたのである。

アパートは木造二階建てで、一階の端がY夫の部屋だった。ドアをノックするとすぐにY夫がドアを開けた。内部は六畳ひと間に狭い台所とトイレがあるだけだった。私はドアの内側の狭い三和土《たたき》に立って話をした。

六畳間の中央にコタツがあり、そこにY夫の母親がいた。彼女は私が三和土に入ったとき、それまで聞いていたラジオのスイッチを切った。そして私の顔をじっと見ている。

「ごらんの通り、テレビも電話もないんだよ」

Y夫はつぶやくように言った。私はY夫に事情を訊いた。

Y夫は四十六歳で、七十二歳のこの母親との二人暮らしである。

もともとY夫の一家は鎌倉市の××町に住んでいたが、Y夫が中学生のときに左官職人であった父親が外に女をつくり、家を出てしまった。後に母親と姉とY夫が残された。

Y夫は中学を終えると、近所の大工の見習いになる。Y夫がまじめに働き、一家は普通の暮らしができた。市内にある母親の実家から土地をもらい、自分たちの家も建てた。

だがY夫は三十歳を過ぎると、大工に飽きてタクシーの運転手になった。それからも数年間はまじめに働いたが、やがて賭博に手を出す。競輪、競馬、バカラ……。最初はけっこう儲けていた。だが深みにはまり負けが込み、サラ金に手を出す。返済のためにまた別のサラ金から借りることを繰り返した。タクシーの売上げにも手を付け、会社もクビになった。

求職で五十社応募も不採用

サラ金の借金と売上げの使い込みの弁済が合計五千万円以上にもなり、自宅を売った。それでもまだ残った借金の返済に追われて、鎌倉にはいられず、老母を連れて他市の知人の家に移った。五年前のことである。

だがその知人宅にも借金の取り立てが来るようになり、さらに他市に逃げた。そして二年前にこのアパートに引っ越してきたのである。

「ここでは近くに嫁いだ姉がいて、二万五千円のこのアパートの家賃を払ってくれ、そしてときどき米や野菜を持ってきてくれるので、ようやく生活ができるんですよ」

Y夫は苦笑して言った。それから私の前に封書の束を持ってきた。三十通以上はあるだろう。みな開封されている。

「この通り、この二年間あちこちの会社の求人に応募したが、全部不採用でした。五十社以上も行きましたよ。だけどもうこの歳だし、そのうえ使い込みの前歴があるので、だめなんだろうね」

Y夫の声は沈んでいる。私は何通かの封書の中味を見せてもらった。タクシー会社が多かった。どこの会社の面接でも、二〜三人の募集に対して十人くらいの応募者が来ていたという。

「この不景気で中高年には辛いよ」

とY夫がつぶやく。

この二年間は、老母がもらっている老齢年金（年額約百万円）で細々と暮らしていた。だが、昨年八月にその年金を担保に金を借りてしまったので、今は無収入だという。

「このあいだも市役所に行き生活保護を受けたいと相談したら、まだ若いんだから職を探しなさいと言われ、帰されてしまってね」

Y夫の話には私も気が滅入る。

老母がコタツの向こうからY夫の背に、

「この人に生活保護のことをお願いしたらどう……？」

とすがるような口調で声をかけた。だが、Y夫も私も、まず仕事を見つけるのが先だとは分かっていた。

テレカ渡して仕事探しを励ます

私はY夫に言った。

「なるほど現在の状況では、保険料の支払いは無理のようですね。仕事が見つかったら、少しずつ払ってください。自棄《やけ》を起こさず、一日も早く仕事を見つけるようがんばってくれませんか。もっといろんな職種に、どんどん当たってみてはどうですか」

Y夫はうなずく。

しかし私はY夫から、今はバス代にも事欠く状態なので、職探しも思うようにいかないと聞いたので、ポケットから千円の未使用のテレホンカードを一枚取り出して、Y夫に渡した。

「差し上げますよ。これはと思う求人広告を見たら、このテレカで電話をしてみて、脈がありそうだったら行ってみてください」

Y夫はキョトンとしていた。意外だったのだろう。しばらくテレカを手の中で見ていたが、やがて小さな声で「すみません」と言い、上着の胸のポケットに入れた。

「それじゃ、仕事が見つかったらかならず電話をください」と念を押し、私は辞去した。生活保護を願っていた老母の声が、ずっと私の耳に残った。

私は考えた。Y夫は病気で働けなくなり現在の苦境に落ちたのではない。原因は賭博と借金。自業自得といえばいえるし、職探しも死にものぐるいになれば、パートでも道路工事でも、まったく働き口がないとも思えない。

しかし、現在いますぐの状況では、保険料が払えないのも無理はない。六畳ひと間のアパートで職もなく、老母と二人でテレビも電話もないような暮らしをしているのだ。

鎌倉市では平成七年度末で、国保加入世帯の約九パーセント、二千六百世帯が保険料を滞納している。

だがその九パーセントのうちには、Y夫のように分割でわずかずつ払うのも無理だという世帯が何パーセントかはいるのである。払わないのではなく、本当に払えない人をどうしたらいいのか。保険料の徴収担当者にとってはやりきれない問題である。

私の足取りは重かった。

三月に入った現在、まだY夫から仕事が見つかったとの連絡はない。

守られた約束

だらしなく見える女性が出てきた

古びた木造アパートの吹き抜けの階段を上がり、二階の手前から三軒目がR子の部屋である。部屋の前の廊下には古い布団が丸めて積んである。その向こうには、錆びて満身創痍の洗濯機が転がっている。廊下の上のビニールトタンの屋根は、ところどころ口が開いて青空が見える。平成九年一月中旬のある日、午前十一時ごろだった。

私はその日、過去二年以上の間に一度も保険料を払っていない滞納者の家を訪ね歩いていた。が、多くの滞納者は昼間は留守がちだ。

このR子は二十六歳で単身世帯。過去三年間保険料をまったく払っていない。

そのために前回、平成七年十月の保険証更新時には、保険証をR子に郵送はせず、市役所保険年金課の窓口へ直接に受け取りに来るようにとの通知を出していた。
が、その時から今日までの一年五カ月のあいだにも、R子が来庁したことはなかった。その間は毎月、保険年金課から「保険証を渡しますから来庁してください」との通知を出し続けていた。全然応答がなかった。

多分不在だろうと思いながら、私はR子の部屋のドアをノックした。中から声がした。なんとR子がいたのである。小太りで色白の、小柄な身体つきをしていた。だがその顔は、いま起きたばかりの仏頂面で、着ているシャツの一部が、スラックスの腰からはみ出している。私はR子に丁重に告げた。

「あなたの保険料がだいぶ滞っているので、今日は直接いただきに上がりました。少しずつの分納でけっこうですから、払ってもらえませんか」

R子の顔が歪んだ。私はさらに聞いた。

「毎月、市役所に来てくださいと依頼する文書をお送りしてますが、来てくれませんでしたね」

「毎日忙しくて、時間がなかったのよ」

R子は私から視線をそらせて言った。

保険証は渡してあげようと決断した

一般的に言って保険料の長期滞納者は、自分のほうから市役所に連絡をよこすことは稀である。こちら側から長期滞納者のほうへ踏み込んで行き、積極的に交渉しないと、自分の生活状態を話さないものである。

私が、保険証がないと困るのではないかと聞くと、R子は少しずつ事情を話し始めた。

「実は昨年の秋までは、宅急便の運転手をしている彼とここで一緒に暮らしていたのよ。それまでは彼に扶養されていたので、働かなくてもよかったの。でも、彼と別れてからは大変。自分で生活費を稼がなくちゃなんないから、夜のお仕事に出ているの。廊下に積んであるこのお布団も、出ていった彼のものなの」

滞納は去年の秋よりもさらに二年以上も前からのことだから、充分な弁解にはなっていない。しかし、とにかく彼と別れて生活が苦しいほうへと一変した事情は分かった。

私はR子からさらに詳しい生活状況を聞いて、彼女の場合は保険料の減免もできることを教えた。問題はこの日、私が持参した彼女の保険証を、彼女に渡すかどうかということだった。過去三年間保険料未納でも、今日、少しでも払ってくれれば問題なく保険証を渡せる。が、今日も払わないのでは、保険証は渡せない………。

私が今日いくらかでも払えるかと聞くと、R子は困った顔になった。

「今日はお金が全然ないのよ。月末になればあるから、そのとき来てちょうだい」

その場逃れの言葉のように思えた。これでは渡せないか……。

だが私は、彼女が扶養してくれていた男と別れて苦境にいる事情を汲んであげようと、瞬時に決断した。私はR子に保険証を差し出しながら言った。

「これを自由に使ってください。それでは月末に集金にきますが、私も忙しくて、今から月末の何時にと約束をすることはできません。お伺いする前に連絡します。電話番号は？」

と私はさりげなく聞いた。

R子はためらったが、やがて小さな声で番号を言った。私は滞納台帳の欄外に番号を書きとめた。

内には約束守る純な気持ちが潜んでいた

滞納者の電話番号をつかんでおくことは非常に重要である。滞納者の多くは、電話があってもなかなか番号を教えない。R子の場合も、私の前任者は滞納台帳の欄に「電話なし」と記入していた。

私は月末の次回訪問時に、保険料減免の申請用紙を持ってくると約束し、辞去した。

アパートの階段を降りながら私は、「ちょっと甘かったかな。月末に本当に払ってくれるのかな」と考えていた。滞納者は苦しまぎれにその場逃れの約束をして、その約束を反古にすることが多い。

月末になった。私はR子に電話した。ほとんど期待していなかった。が、呼び出し音が二回鳴っただけで、彼女が出た。意外さで、私の胸は高鳴った。集金に行くと伝えた。

R子のように過去三年間も未納の者が、たった一回の訪問で支払いの約束を守る例は少ない。私は車でR子のアパートに向かいながら反省した。

人は外見の印象でだいたい分かるものかもしれない。しかし反面、どんなにだらしなく見える人にも、内には約束を守る純な気持ちが潜んでおり、どんなに立派に見える人にも、内には誘惑に負ける心が潜んでいる。問題は、どんな場合に、だらしなく見える人でも純な気持ちを出してくれるのか、ということである。

私の場合、どのようにすれば、だらしなく見える人の中に潜む純な気持ちを、引き出すことが出来るのか……。R子の場合、何が彼女に約束を守らせたのだろうか。

翌月の月末にも、R子から約束どおり集金することができた。私は滞納整理では現場に赴くことがいかに大切であるかを改めて知るとともに、R子から、人間というものの奥深さ、面白さを教えられた気がした。

無保険で生きる（ホームレスと医療　Ⅰ）

ホームレスに声をかける

温かい陽射しを浴びて、私は横浜公園のベンチに座っていた。向こうには横浜球場が見える。平成九年三月初旬の日の昼下がりだった。

日曜日だったが、私は横浜の関内に出て所用を済ませ、帰る途中で横浜公園でひと休みしていく気になったのである。

公園内の景色をながめながら、私はポップコーンを食べ、缶ジュースを飲んでいた。

ふと隣のベンチを見ると、ホームレスらしい初老の男が、所在ない表情で遠くをながめている。私はちょっとばかり興味を感じた。古い言葉でいえば浮浪者だが、身なりがそれほどみすぼらしくはなく、小ざっぱりしていたせいかもしれない。

中肉中背で、グレーのジャンパーにブルーの防寒ズボン。頭にはややくたびれた登山帽。ズボンに二、三カ所ほころびが見えるのだけが、惜しい。

だが、それほど小ざっぱりしていても、全体としてはこの人種に特有の無力感、倦怠感に包まれていて、一見してホームレスだと分かるのである。なによりも、ベンチの下にある寝袋が、彼の真実を物語っている。

私は思いきって声をかけてみた。

「いつもこの辺にいるんですか」

私の声でこちらを向いた顔は、日焼けした厚紙のような色をしていた。だが温和な感じの丸顔だった。わずかに怪訝《けげん》そうな表情がかすめたあと、すぐに笑顔になった。ふだんは一般人から敬遠されたり怖がられたりしているだけに、私から話しかけられたのがうれしかったらしい。言葉づかいも丁寧だった。

「うん。昼間はたいてい、ここで日向ぼっこしてますよ。雨が降ったときだけは、向こうの野球場の下にいるけどね」

「夜は寒いんじゃないですか。真冬なんかはどうするんですか」

「なあに、寒くなんかないですよ。この寝袋に入ってしまえば、寒さなんてなんでもないね。ときどきホカロンを貼って寝ることもあるけどね」

国保は欲しいが住民登録と保険料が……

聞いているうちに私は、この人たちは病気になったときにはどうするのかと思った。自分が市役所で国保の仕事をしているだけに、その辺のことが気になった。彼は国保に入っているのか……。本当に住所不定で住民登録もしていないなら、むろん国保に入っているはずはない。が、どこかに名目的な住所があって、国保にだけは入っているということも有り得ないことではない……。私は彼にポップコーンの袋を渡しながら聞いてみた。

「じゃあ、ここで生活していて、いちばん困ることはなんですか」

答えは予想したとおりだった。

「そりゃ、病気をすることだね。去年の暮れには風邪をひいて、一カ月くらい寝込んでしまったときには、弱っちゃったね」

「ふーん。健康保険は持っているんですか」

「そんなものはないね。われわれは住所もないから、健康保険なんて持てないよ」

「そうですか……」

「持てれば欲しいとは思うが、持つにはどっかに住民登録しなくちゃならないし、持てば毎月保険料も払わなくちゃならないからね、やっぱり持てないねえ」

こう言ったときにはさすがに、笑顔が消えた。

「やっぱりホームレスでいたほうが気楽でいい」

「それじゃ、去年の暮れに風邪をひいたときには、治療代はどうしたんですか」

「あのときは、市の宿泊施設の『まつかげ』というところに入って、そこから紹介状をもらって医者に行き、ただで診てもらったんですよ」

ここで私は、自分が市役所で国保を担当している者であることを告げた。彼は自分の姓を名乗った。アルファベットで表せばDである。Dはホームレス生活に入って七年。年齢は見かけよりは数歳若くて、五十九歳だという。

Dが去年の暮に入った横浜市の施設とは、労務者の町として知られる中区寿町にある通称「まつかげ」、正式名称は「まつかげ一時宿泊所」のことである。「まつかげ」の名前だけは私も聞いたことがあった。

後日、私が中区役所の福祉担当（保護課）に電話をして聞いたところでは、「まつかげ」は収容人員約七十人。食事と寝具が無料で提供され、風呂にも入れる。利用者の年齢は五十代が多いという。

病人の場合は、「まつかげ」が書いてくれた紹介状を持って病院へ行けば、無料で診療が受けられる。重病なら、無料で入院もできる。これは生活保護の一部である医療保護制度である。

話が横浜公園のベンチに戻る。

「まつかげの待遇はどうですか」

私が聞くと、Dはまた笑顔に戻った。

「まあまあですね。紹介状を持って行って診てもらった医者も、こっちをいやがったりはしないからね、まあ、ありがたい施設ではあるんですよ」

「それなら『まつかげ』にいつまでもいればいいじゃないですか」

「いやですね。役所の施設だから、やっぱりいろいろと堅苦しいところがあるんです」

「……」

「それに、続けていようと思っても、いられるのは二週間が限度と決まっている。もう一度入ろうと思っても、二週間後でないと入れないんです。やっぱり、ここにいるほうが、気楽でいいや」

Dは屈託のない顔で言った。

「明日のことは考えない」（ホームレスと医療　Ⅱ）

突然「あくせく働くことがいやになった」

横浜公園をねぐらにするホームレスDは、七年前に現在のような生活に入る以前には、国保にも加入していたという。

それを聞いて私は、Dともう少し話をしてみようという気になり、公園から歩いて十分ほどのところにある焼鳥屋に誘った。

日本酒が好きなDは、熱燗をおいしそうに飲みながら、身の上話を聞かせてくれた。

「いまじゃ郷里の両親も死んじゃってねえ。兄が後を継いでますが、私の帰るところはないからねえ。四、五年前までは、北海道に嫁いだ姉のところにたまに行ったが、いまは行かないね。弟も一人いるが、いまじゃあ兄弟のだれとも音信不通ですよ」

Dは福島県の農家の次男に生まれた。地元の高校を卒業して上京し、中央区の呉服店に就職した。絵が得意だったので、和服の生地に絵模様を描く仕事をした。

三十二歳になって一歳年上の女性と結婚し、池袋に住んだ。妻は美術の専門学校を卒業し、自宅で絵画教室を開いていたので、結婚後もそれを続けていた。

Dが三十八歳のときに呉服店が倒産し、彼は失業した。このときから国保に加入した。しばらくは妻の収入で生活したが、四十歳のときに友人の紹介でコンビニエンスストアに勤めるようになった。しかし、正社員ではなかったので、依然として国保に加入していた。

五十歳になったある日、妻から突然離婚を要求された。二人のあいだに子供はいなかったし、酒好きで、なかばアル中のようになっていたDに、妻が愛想を尽かしたのだろう。彼はあっさりと離婚に応じた。

一人になったDは、横浜に引っ越して、建設現場で働く労務者になった。ある晩、酔ってアパートのエレベーターの前で倒れた。コンクリートの床で頭を打ったのか、意識不明になった。我を取り戻したのは二日後、病院のベッドの上でのことだった。

「これがきっかけだったかなあ、あくせく働いて生きることがいやんなっちゃいましてね、仕事を辞めて、アパートも引き払って、わずかばかりの金と寝袋を持って旅に出たんです」

一日六百九十円の「パン券」で生活

「フーテンの寅さんみたいですね」

「ははは。寅さんの旅はまだカッコいいところがあるけど、私の場合は全部歩きで、野宿の旅だからね。前から行ってみたいと思っていた鳥取の砂丘まで、二カ月かけて横浜からずっと歩いていったんです。毎晩寝るのは、山の中とか、公園とか、駅の構内でね」

三本目のトックリを空にしながら、Dは楽しそうに話す。もう失うものがなにもないという強みからか、なにも隠さない。どうやって食っているのかと聞いてみた。

「前はときどき建設現場の仕事をしていたが、いまは不景気で仕事が全然ないんです。それで毎日、区役所（の保護課）へ行き、パン券をもらうんです。パン券には六百九十円と金額が書いてあって、その範囲内なら区が指定した店で食事をしたり、日用品を買えますよ」

食事のあとは横浜公園で、空をながめたり、行き交う人を見たりして一日を過ごす。ある日曜日の朝、公園にジョギングに来る人を一時間のあいだ数えたら、百三十七人いたという……。

「ずっとこのまま、そんな生活を続けるつもりですか」

「明日のことは考えないことにしているんです。今、この瞬間が良ければいいんですよ」

どこかで聞いた言葉だと思った。

Dの顔には何の屈託もない。だが私はそこに、強さではなく、弱さを感じた。Dには、どん底に落ちた人間なら、たいていの者が持つであろう、なにくそ這い上がってみせるぞという反発心が感じられない。心のバネがない。だから強さを感じない。人の良い、無気力なだけの人間ではないかと思わせるものがあった。

国保の底辺の現実

Dがただひとつ目を輝かせて話したのは、絵についてだった。

「有名人の絵はつまらないですよ。××にしても○○にしても、みんな絵がパターン化しているんだ。そこへ行くと、新人の絵は面白い」

「私はいまでもときどき、近くの画廊に絵を見に行きます。新人の絵を見るときは、特にキャンバスの四隅を見ます。四隅まで丁寧に筆を運んでいる絵は、すばらしいですよ」

××や○○は超大家といわれる現存の日本画家である。〝キャンバス〟は呉服店の着物の生地であったとはいえ、かつては絵を描いていたDの、唯一の自負がそんな絵の話に表れていた。私は救われた気持ちになった。

Dと別れて帰途についた私は、自分が担当している鎌倉市の国保加入者のなかにいる行方不明者のことを考えた。

保険年金課が保険料の滞納者に毎月郵送している保険料の支払い催告書が、宛先人が所在不明のために戻ってくることが、何件かはかならずあるのだ。それらについて現地調査を行なってみる。すると近所の人などが、「その人はもうここにはいませんよ」「借金取りから逃げるために、行方をくらましたんじゃないですか」「いろんな人が訪ねてきますよ」などと言う。

それらの行方不明者も、再起を計ってどこかで懸命にがんばっているのだろう。実際、逃げたあとも友人の住所の同居人という形式で住民登録をして、借金取りの目はくらましながら、国保だけは加入を続けているというケースもある。

しかしなかには、Dのように無気力になって、国保を捨ててホームレスとなる道を選んだ滞納者もいることであろう。

国保加入者の底辺には、そういう道をたどりつつある人も含まれている。国民皆保険制度の中核をなす国保が抱えている宿命的な現実である。私はやりきれない気持ちに陥った。

Y夫のその後

まだ仕事に就いていなかった

平成九（一九九七）年三月上旬に、私はY夫のアパートの近くにある滞納者世帯を訪ねた折に、再びY夫のところに顔を出してみた。

前回一月下旬に初めてY夫のアパートを訪れて以後、Y夫からは連絡がなかった。その間、私の頭の中には、六畳ひと間のアパートの部屋で、足の不自由な七十二歳のY夫の老母が、ラジオだけを聞いて一日中過ごしている様子が、焼きついていた。

その老母のためにも早くY夫に仕事が見つかれば良いのだが、果してY夫は就職できたかどうか。

私がアパートのドアをノックすると、Y夫が顔を出した。表情に元気がない。

「まだ仕事が見つからないんですよ」

部屋の中は相変わらず真ん中にコタツがあり、足の悪い老母のためらしい、万年床が敷かれていた。コタツに入っていた老母が私に訴えた。

「生活保護を受けられるように、係の人に頼んでもらえないですかねえ」

その目には涙が浮かんでいた。

傍らでY夫が老母を制した。私が前回訪問したときにも、Y夫はすでに市に生活保護を申請し、却下されていたので、あきらめていたのだ。この前も老母は私に、Y夫の後ろから声をかけて同じことを頼んできた。

だが、私はY夫が仕事を見つけることが先であると考えて、そのときには応じなかった。

しかし、いま老母の顔をみて、今回はなんとかしてあげたいと思い、Y夫に提案した。

「いまの状態では、足の悪いお母さんを病院に連れていくこともできないでしょう。それなら世帯分離といって、同じ住所に住んでいても、母親と息子を別の世帯にする方法があるんですよ。そうして、お母さんだけが生活保護を申請すれば、認められる可能性があるかもしれません」

母親と息子が同じ家に住んでいる実態からみれば、世帯分離という方法は形式的に過ぎず、一種の便法であり、あまり勧められることではない。しかしY夫と老母の場合は、もはや背に腹は替えられないのだ。

「そうですか。では世帯分離をするということで、再度、係の人にお願いしてみます」

「それに、あなたのほうは一日も早く仕事を見つけることですよ。経験があるタクシーの職種だけ探すんじゃなく、宅配便の運転手でも、建築現場の仕事でも、新聞の折り込み広告にはいろいろ載っているじゃないですか」

「私も折り込み広告は毎日見ているんだけど、この年になると、なかなかないんですよ」

Y夫は四十六歳である。私も前回Y夫を訪ねてから、時々折り込み広告を見るようになっていたが、たしかに年齢は四十歳くらいまでとの応募条件が多い。私は老母が気になったので、辞去する前に言った。

「お母さんに、早くテレビを買ってあげられるようになるといいね」

「私もそう思っているんですが…」

Y夫は目を伏せてポツリと言った。

こんどは老母の顔が輝いていた

一カ月が過ぎて、四月上旬になった。

Y夫のアパートに近いところにある植物園の桜も、満開となった。私は滞納者世帯を訪問するうち、またY夫を訪ねようと思った。

Y夫のことよりもむしろ、老母のことがずっと気になっていた。足の病気は悪化していないか、生活はどうしているのか…。

私はY夫の部屋のドアを叩いた。中から老母の声が応じた。私がドアを開いて狭い三和土《たたき》に入ると、部屋の中は母親一人だった。母親の表情が明るくなっていた。彼女は張りのある声で言った。

「おかげさまで、Y夫は今週の初めから仕事に行っているんですよ」

「それはよかった。どんな仕事ですか」

私の問いに老母は、やはり張りのある声で答えた。三月中旬に折り込み広告をみて応募し、面接を受けたが、採用通知は下旬に来たこと。仕事は鉄やアルミ製品のメッキ作業で、日給七千円の週給制であること。月曜から金曜まで休まずに出ると、一日当たり千円の精勤手当てが加算されること。身分はパートなので社会保険やボーナスはないこと等々……。

老母の顔は輝いていた。二年半も失業していた息子が、パートでも仕事に就いてくれたことがうれしいのである。私もうれしかった。

生活保護の再申請はその後どうなったかと聞いてみた。

老母は、Y夫が世帯分離による保護を再度申請したが、認められなかったという。理由は、世帯分離をしても、実質的にY夫が母親を扶養すべき状態が変わることはないからだそうだ。Y夫が仕事を見つけることが先決だといわれたという。

老母は帰り際に、私に来週の金曜日の夜に来てくれと言った。

困窮者でも払う気持ちはある

翌週金曜日の夜、Y夫は私を待っていた。私の顔をみるとY夫は、うれしそうに仕事の様子を話し始めた。

仕事場はアパートから歩いて二十分くらいのところにあり、交通費も出るが、毎日歩いて通勤し、交通費は昼食代に当てていると言った。それから少し改まった様子で、私の顔を正面に見て言った。

「今回はいろいろとお世話になりました。おかげさまで仕事に就くことができました。まだ二回しか給料をもらっていないので、余裕がないんですが、とにかく溜まっている保険料は毎月一万円ずつ払っていきます。とりあえず今日は一万円払います」

一瞬、信じられなかった。いまのY夫と老母にとって、一万円は大金であるはずだ。それを保険料の支払いに当てるのは痛いのではないか。私は心中で、一万円ではなく、二千円でもいいと思った。

しかし、今夜はY夫の気持ちを素直に受けよう。私は、来月の訪問を約束し、帰ろうとした。そのとき、Y夫は私の目の前に千円札を出して言った。

「これはこの前いただいたテレカの代金です。そのテレカを使ってあちこちに電話して職探しをしました。今のところも、それで見つけたのです。ありがとうございました」

私は胸が熱くなった。

「その気持ちだけで充分です。お金はいいから、これからも今の仕事をがんばってください」

と私は言って、Y夫の家をあとにした。

私は帰途に考えた。Y夫のように社会の最底辺ともいえる苦しい状況にある人でも、懸命に保険料を払おうという気持ちになってくれる人もいる。

その一方では、一戸建ての立派な家に住んでいながら、長期に滞納している人もいる。後者のような人たちを放置しておくわけにはいかない。

そのためにはわれわれ担当者が、常に現場に出ていって、滞納者の実態調査を行い、滞納者と充分に話し合うことである。

Y夫の場合も、もし私がアパートを訪問せず、文書の催告だけで処理していたら（現実には文書の催告だけで処理することが多いのだが）、Y夫が保険料を払ってくれることはなかっただろう。滞納整理では現場に出ることがいかに大切かを教えられた例である。

〝お客様〟ペースへギアチェンジ

十二回の電話にも留守だった

「あんた、本当に市役所の職員なの。休日のこんな時間に電話してくるなんて」

今年四月初旬の日曜日の夜九時に、私が自宅からかけた電話に、滞納者のC子は怒り半分、怪訝《けげん》さ半分の声で応じた。

C子は四十七歳。三年前に離婚し、現在はマンションで一人暮らしだ。彼女は平成七年一月から保険料を一度も払っていない。

C子は朝早くから夜遅くまで外で働いているらしく、私がいつ電話しても留守だった。

前任者は今年二月に私に引き継ぐ前に、C子に対して支払い催告書を何回か出していた。電話も数回かけたが、いつも留守だった。

私も引き継いだ後、C子に毎週電話をした。午前中、午後、夕方と、時間を変えてかけてみた。いつも留守番電話になっていた。私はそのたびにメッセージを残しておいた。

「市役所の保険年金課ですが、あなた様の国保の保険料が未納になっています。至急お支払いください。一括払いがご無理な場合はご連絡ください。電話番号は……」

二月中に四回、三月に入ってからも毎週一〜二回電話した。反応はまったくなし。

留守電になっていても、本人がいることがある。だがC子の場合は、私が電話をする時間帯にはいつも留守であることは事実らしかった。私の滞納者台帳には、C子に十二回かけた電話は、すべて留守と記録されていた。

三月下旬の日の午後、私はC子のマンションを訪ねてみた。やはり留守だった。私は不在者訪問票に、「日時を指定してもらえばいつでも（昼でも夜でも休日でも）お伺いします」とメモして、郵便受けに入れておいた。

行政は市民サービスだから〝お客様〟の時間に合わせて動く

一週間が過ぎた。C子から連絡はない、ウィークデーの昼間に訪問しても留守なら、いるのはもう日曜日しかないと思った。そこで四月初旬の日曜日に電話を入れることにした。

公務員にとって、日曜日に自宅から、電話料金も自己負担で滞納者に電話を入れるということは、かなり異例のことになる。

私もかつては、すべての仕事は週日の昼間に行なうという、役所ペースの感覚で動いていた。しかし保険年金課にきて、滞納者を訪問したりして直接に生身の人間に接するようになると、考えが変わった。

役所ペースの時間だけでは、支払い督促の仕事は進まない。

相手は滞納者であっても、市民であり、そして被保険者である。行政は市民に対するサービスだという建て前から言えば、〝お客様〟だということになる。その〝お客様〟の時間に合わせて動かなければ、相手をつかまえることはできないと悟ったのだ。

だからC子への不在者訪問票にメモしたように、「昼でも夜でも休日でも」、相手の都合に合わせて訪問するようになったのである。

だが、平成六（一九九四）年四月から保険年金課の課長職となっていた私の場合は、保険料を徴収する係（係長以下職員七名と嘱託徴収員三名）のほか、老人医療を担当する係や国民年金係など三つの係を所管しているので、いつもいつも滞納者に対して〝お客様〟ペースで対応しているわけにはいかない。

したがって、ふだんは催告文書を出したり、電話督促をしたりで週日の勤務時間だけにすることも多い。

だが、滞納者台帳をみて、催告文書の送付や電話の回数が重なっても反応のない滞納者に対しては、態度を変える。

苦しい中から毎月きちんと保険料を払ってくれている多くの例を知っているだけに、払わないで済まそうとしているようにも見える無反応の滞納者を、見過ごすことができなくなるからである。

その時点で、私の時間はふだんの公務員ペースから〝お客様〟ペースへと、ギアチェンジするのだ。

その場合の最初の手段が、勤務時間前の早朝や勤務時間後の夜間に電話することである。それでも連絡のつかないときは、次の手段として、休日に自宅から電話することである。

日曜の夜に電話してついにつかまえた

私はC子に対してもギアチェンジした。

その日曜日に、最初は昼間に電話してみた。留守電になっていた。

夜になった。九時。ちょっと遅いかなと思いながら、またダイヤルしてみた。するとC子が出た。

二月以来、十三回目の電話で、やっと本人をつかまえた。私の胸は高鳴った。

「市役所の保険年金課の者ですが、国保の保険料のことで電話しました」

名乗るや否や、「あんた、本当に……」と、冒頭の言葉が返ってきたのである。

「本当です。だいたい私は、これまでに、もう十二回もあなたに電話をして、伝言も入れておいたし、お宅に伺ったこともあります。それなのに、どうして連絡をくれなかったんですか」

「私は東京まで経理の仕事で毎日勤めに出ていますからね、忙しいんです。あんたたち公務員みたいに、土曜日曜は休みじゃないんです。忙しくて、連絡する暇がなかったんです」

かなり苦しい言い訳だ。C子は続けた。

「だいたい日曜の夜まで電話してくるなんて、残業代や電話代の無駄遣いよ。その費用はみんな、私たちの税金から出てるんでしょ」

私には残業代はないし、自宅からかける電話代は自前だ。私もカチンときた。

「あんたのような滞納者がいなければ、私たちも休日の夜に電話をしたりしなくてもすむんですよ。きちんと保険料を払ってください」

「まるでサラ金の取り立てみたいね。私は税金や他の公共料金も滞納しているけど、他の係の人はあんたみたいに強引じゃないわ。こんなに何回も電話されたことはないわよ。本当にうるさい人ね」

サラ金の取り立てみたいだと言われると、応える。だが、そんなときには、苦しい中から保険料を払っている加入者の顔が頭に浮かんで、私を支えてくれる。

C子はさらに三十分くらい市に対する嫌味を並べ立てた。しかし最後には観念したのか、分割で払うから振り込み用紙を送ってくれと言った。

私は半信半疑で振り込み用紙を送った。四月末に第一回目の支払いがあった。

電話番号をつかめ！

名乗ったとたんにガチャンと切られる

前回に紹介したC子の場合は、十三回目の電話で本人と話ができた。滞納していた保険料も、分割で払ってくれることになった。これは電話による督促が、成功した例である。

だが、せっかく電話で相手をつかまえても、失敗に終わる場合もある。

Y子は四十九歳で二年前に離婚し、現在は、病院の付き添い婦をしている。

生活が苦しいだろうことは推測がつくが、二年前から一度も保険料を払っていないのでは、督促せざるを得ない。

私は平成九（一九九七）年二月に前任者より引き継いでから以降の二カ月間に、Y子に何度も電話をした。いつも留守だった。が、一度だけ本人が出たとき、彼女は四月×日に集金に来てくれと言った。

その日、約束の午後三時に徴収員がY子のアパートを訪問すると、ドアには鍵がかかっており、留守だった。すっぽかしを食ったのだ。

五月三日、ゴールデンウィーク中の祝日の夜の八時に、私は自宅からY子に電話をした。いた。

「もしもし……」

「市役所の保険年金課ですが…」

とたんにガチャンという音が私の耳を打った。すぐにもう一度同じ番号を押した。

ツルル、ツルルと呼び出し音が鳴っている。だが誰も出ない。

私が受話器を置いたのは、呼び出し音を四十九回まで数えてからだった。人間だから、私も意地になったのだ。

十分後に、さらにもう一度かけてみた。呼び出し音が部屋の中を駆け巡っている。Y子は部屋にいるのか、いないのか……。

催告文書とは比較にならぬほど効果的

電話による督促は、相手がこのように居直って、ガチャンと切ってしまうと、終わりである。次には訪問による督促へと切り替えるほかはない。

しかし現実には、滞納者の心理として、保険料を払っていないという引け目があるところへ、市役所から電話がかかってきたら、居直ってすぐにガチャンと切ってしまうというのは、なかなかできることではない。

だから一度でも電話で直接本人をつかまえることができれば、文書による催告とは比較にならないほど、実質的に効果があるのである。したがって電話をかけることは、依然として有力な督促の方法である。

鎌倉市の保険年金課の保険料係は、係長と男性職員五名、女性職員一名、嘱託徴収員三名で構成されている。

このうち保険料の滞納整理を直接担当しているのは、係長と男性職員五名である。その六名で、約二千六百世帯の滞納者を分担している。平均すれば一人当たり約四百四十世帯の滞納者を抱えていることになる。

この職員たちは滞納整理の仕事だけではなく、国保保険料の賦課や、収納管理も行なっている。したがって滞納整理についても、自分が受け持つ滞納者全員に電話をしたり、訪問したりすることは困難であり、勢い、文書による催告にとどまることが多い。

だが、文書による督促では効果が低いから、滞納が長期にわたる悪質者に対しては、電話による督促や訪問、さらには財産差押えの措置などを検討する。

現在、私は職員がカバーしきれない長期滞納者を引き受け、応援している。この場合にも、まず最初にとる督促の手段が、電話なのだ。

滞納者の電話番号を把握するために、国保加入届を調べてみる。意識的なのか、あるいは本当に電話がないのか、電話番号が記載されていないことが多い。

電話番号がわからない滞納者については、電話帳で調べたり、他のセクションで聞いたりするが、本人と接触したときに何気なく聞きだすのもひとつの方法である。

電話で督促できた六十世帯中四十九世帯が支払いを約束

平成九年二月初旬、私は七人の職員が担当している滞納世帯の中から、悪質と思われる滞納者百四十八世帯を抜き出し、督促業務を引き継いだ。

悪質だと判断する基準は、滞納が一年以上にわたっており、その間に一度も分納もされていなかったり、誓約した内容が実行されていないものである。先のC子やY子も、この百四十八世帯の中の例である。

百四十八世帯のうち、滞納者台帳に電話番号が載っていたのは、八十四世帯（五七％）だった。この八十四世帯について、私は自分の空いた時間を利用して、片っ端から電話をかけた。朝、昼、ときには夜間と、八十四世帯のそれぞれに何回となくかけまくった。二月初旬から三月下旬までの約二カ月間のことである。

その結果、連絡がとれたのは六十世帯、いつも留守だったのが九世帯、電話が不通になっていたのが十五世帯であった。

連絡の取れた六十世帯のうち、四十九世帯が滞納保険料の支払いに応じてくれた。多くは分納という条件だった。

この四十九世帯のなかには、何回も電話をしてやっと分納に応じた世帯や、二回も三回も約束を空手形にされながら、それでも粘り強く交渉して、ついに支払いに応じてもらった世帯もいくつかあった。

過去一年以上にわたって文書による催告を続けてきても支払わなかった世帯が、電話で連絡がつくと、六十世帯中で四十九世帯もが支払いに応じたということは、電話という手段の有効性を物語っている。

一方、電話番号を把握できていないのが百四十八世帯中で六十四世帯（四三％）もあるが、これらは一軒一軒訪問し、滞納者と接触を持つようにしている。

また、不通だった十五世帯の多くは、電話料金が払えないためだったと推測される。督促をめぐっては、電話をかける側にも、受ける側にも、それぞれのドラマがある。

外国人加入者の滞納

なぜ二年目から滞納する外国人が多いのか

「R・Sの家に督促に行ってきましたが、彼は日本語が全然話せないので、だめでした」

今年五月中旬、徴収員からこんな報告を受けた。私はすぐに滞納者台帳でR・Sのページを調べてみた。

R・Sは二年前に来日したアメリカ人で、現在二十九歳。彼は来日後すぐに国保に加入し、その年は保険料をきちんと払った。

だが、次の年には一年間、保険料をまったく払わなかった。外国人の加入者はこのように、二年目から払わなくなるケースが多い。

なぜか。外国人の場合、二年目から急に保険料が上がるからである。

外国人が国保に加入する場合、来日した年の保険料は、前年の所得が三十三万円以下の人に適用される「軽減二」の金額（鎌倉市の場合、平成七年度は年額一万二千四百三十二円）になる。

これは国保の保険料が、日本における所得に対してのみ賦課されるためである。つまり外国人は、来日前に本国でいくら高収入があった人でも、日本では前年の収入がゼロとして扱われるのである。

R・Sの場合も、来日初年度の保険料は年間一万二千四百三十二円ですんだ。しかし彼は日本で英会話スクールの英語教師として働き始めたので、次の年には保険料が十万七千円に上がった。いっぺんに九倍近くになったのだから、高いと感じたのだろう。

滞納者台帳のR・Sのページには、電話番号が記載されていなかった。

五月下旬のある晩、私は何軒かの滞納者の家を訪問した帰りに、R・Sを訪ねた。彼の自宅は閑静な住宅街にある一軒家だった。

「この家の持ち主はいま海外赴任中です。それで私が、友人の紹介で、留守を預かりながら借りて住んでいるんです」と、R・Sは言った。白人で背が高い、髪は茶色でやや薄くなっていたが、ハンサムな青年だった。

三十六カ国、五百二十四人の外国人が国保加入

私はまず、彼に日本に来た目的について聞いてみた。

「観光というか、日本の文化を知りたいと思って来ました。二〜三年滞在したいと思っています」とR・Sは答えた。

日本では英会話学校で教えれば収入が得られると友人に聞き、教師になったという。国保加入も、友人に教えられてのことだった。

私が訪問の目的を告げ、滞納保険料を払うように促すと、彼は問い返してきた。

「おととしの保険料は安かったのに、去年はどうして急にこんなに値上がりしたんですか」

私は保険料の計算の仕組みについて説明し、さらに所得の低い人に適用される軽減の制度についても分かりやすく説明した。

するとR・Sは、国保制度の内容や特典についても聞いた。私は答えた。

彼は最後には納得し、滞納保険料を分納で払うことを約束してから言った。

「日本のような国民皆保険制度は、アメリカでもまだ実現していませんよ。それに、外国人でも一年以上滞在するなら国保に入れるというのは、いい制度ですね」

私は分納の初回分として一万円を受け取り、R・Sの家を後にした。

平成九年四月一日現在で、鎌倉市には四十四カ国、八百三十九世帯、千百三十二人の外国人登録者がいる。

このうち国保に加入しているのは、三十六カ国、三百三十九世帯、五百二十四人である（うち朝鮮系は百十八世帯、二百四十人)。

外国人登録者の国保加入割合は、世帯では約四〇%、人数では約四六%である。

外国人が国保に加入できるようになったのは、昭和六十一年四月に、国民健康保険法の施行規則が改正され、国保加入の資格条件から国籍条件が外されたことによってである。

英語力を向上させる必要感ずる

平成八年度の鎌倉市国保の外国人加入者の保険料について調べてみると、保険料軽減一が適用されて最も低額になっているのは五十七世帯(一七%)で、これは鎌倉市の国保全体で保険料軽減一が適用されている加入世帯の割合とほぼ同率である。

しかし保険料について見ると、外国人加入者の一人当たり平均保険料は年額十万八百六十七円であるのに対して、鎌倉市の国保加入者全体の一人当たりは七万三千七百五十三円であり、外国人加入者のほうが高い。

だがその一方では、外国人加入者は滞納世帯の割合が一九%と高い。鎌倉市の国保加入者全体での滞納世帯の割合は九%だから、外国人加入者の滞納世帯の割合は、倍以上になっている。

外国人加入者に滞納が多い理由は、第一に前記のように、来日次年度に急に保険料が上がることである。

第二には、外国人であるため日本語ができず、また一方、市の職員で外国語を得意とする者が多くないので、直接に督促に赴くことが少ないためである。

第三には、滞納保険料を精算しないままで帰国する者が多いことである。

職を求めて来日する外国人のなかには、わずか一、二年だけ働いて帰国してしまう例がかなりある。彼らは国保加入の〝うま味〟について同国人の仲間からクチコミで聞いて、来日するとすぐに加入手続きに来る。

初年度は保険料を払うが、翌年度からは滞納する者も多い。市の職員が督促に訪れることも少ない。もし督促に来ても、日本語が分からないふりをする。そして滞納したまま、黙って帰国してしまう……。

日本滞在中は国保をフルに使って恩恵に浴しながら、これでは困る。ある医師から、一人の外国人の保険証を、仲間の何人かで使いまわしている疑いがあると聞いたことがある。

むろん、きちんと保険料を払っている外国人加入者も多い。だが反面、悪質な滞納者も少なくない。われわれ現場の担当者も、もっと積極的に動かねばならない。そのためには言葉の障壁への対処を考える必要がある。

今年六月八日の日経新聞の社説には、「英語ができなければ国が危うい」という題で次のように書かれていた。

「グローバル化する世界で国の将来が国民の英語能力に左右されるかもしれない。……英語は今や異文化間のコミュニケーション手段……それは西暦、アラビア数字、メートル法にも似た、使わざるを得ない世界共通の道具なのである」

我々自治体の職員も、これからの国際化社会を乗り切るために英語能力を向上させなければと痛感した。

鎌倉市役所の外国人登録窓口

「介護保険準備担当」を命ぜられて（中村係長との雑談 Ⅰ）

都道府県がやるべきと思っていた

私は平成九（一九九七）年八月初旬に、上司の永塚定夫保健福祉部長から、「介護保険準備担当責任者」を兼務することを命じられた。

私には、同じ保健福祉部の中から、福祉政策課、高齢者福祉課、それに私の所属課である保険年金課の三課から、それぞれ係長が一人ずつ選抜されて、兼務で付いてくれることになった。

それからは私と彼ら三人とで、翌平成十（一九九八）年四月に正式に「介護保険準備担当」が設置されるまでのあいだ、予備的な調査などをやっておくことになったのである。

介護保険法案については、平成九年五月二十二日に衆議院は通過したが、参議院では時間切れとなったため、その年の秋の臨時国会での可決成立が見込まれていた。

介護保険の保険者には、国保と同じく全国の市町村と特別区がなることが決まっているから、すでに厚生省（現厚生労働省）から都道府県を通じて各市町村に、介護保険法案成立を見込んで準備体制に入るようにとの指示が、伝わってきていた。

私はそのころ、永塚保健福祉部長から「介護保険準備担当」を命じられた係長の一人である、保険年金課の中村隆義医療給付係長と、介護保険についてのあれこれを話し合った。

小金丸　介護保険を市町村でやるのは大変だなと思っていたけど、実際に自分が準備担当になるとは思わなかったね。

中　村　市町村で介護保険をやるとなると、保険料は、国保加入者（第二号被保険者）の場合は国保の保険料に上乗せして徴収することになるから、保険年金課で扱うことになります。そういうことから、われわれも準備担当の一員にならざるを得ませんね。

小金丸　そうだね。もっとも、私は以前から、行政が行う介護事業は、市町村が保険者になってやる社会保険方式ではなくて、財源は税収に求めて、事業主体としては財政規模の大きい都道府県がやったほうが良いと考えていたからねえ、介護保険法案で市町村が保険者となることが決まって、残念な気がしているよ。

保険料滞納率は国保より高くなる

中　村　そういえば課長はかねてから、行政の介護問題は社会保険方式にはなじまないのではないかと、おっしゃってましたね。

小金丸　そうなんだよ。国保のように、加入者の受益率が高い場合は、加入者も納得して保険料を払ってくれる。つまり加入者の利用率（受益率）が高いと、その制度はうまく機能するんだよ。鎌倉市の場合、平成八年度の国保加入世帯の受診率は九一・七パーセントだから、ほとんどの加入世帯が国保の恩恵を受けたわけだ。だから保険料の滞納率も加入世帯の一割以下で、ほとんどの加入者がきちんと払ってくれている。ところが……。

中　村　介護保険だと、特に四十歳から六十四歳までの第二号被保険者の場合は、将来、介護保険で介護サービスの対象となる第一号被保険者（六十五歳以上）の年齢になっても、実際に自分が介護保険を利用する可能性は、厚生省の試算では、六十五歳以上で一三パーセント、八十歳から八十四歳で二五パーセント、八十五歳以上になっても五〇パーセントに過ぎないわけですね。

小金丸　その通りだ。つまり半数以上の人が〝掛け捨て〟になるような保険に強制加入させても、保険料を給料から天引きされるサラリーマンは別として、国保の加入者の場合は、果して保険料を毎月きちんと払ってくれるだろうか。それが、国保の保険料の滞納整理でいつも頭を痛めている現場担当者としては、いちばん心配なことなんだよ。

中　村　そうですね。国保の滞納者に対しては、あまり滞納を続けていると、保険証を渡しませんよという強力な督促の手段（被保険者資格証明書の交付など）もあるけれど、介護保険の滞納者に対しては、その手が利かないわけですね。

小金丸　うん。なにしろ介護保険の第二号被保険者の場合は、四十代、五十代という壮年世代も含まれてるから、われわれが「保険料を滞納していると、将来、介護保険を使えなくなりますよ」と警告しても、あまり説得力がないと思うんだよ。加入者に、自分は年をとっても介護保険のやっかいになるかどうか分からないし、第一、自分はそんな年齢になるまで生きているかどうかも分からないよ、と開き直られたら、こちらは対処のしようがないんじゃないかな。

中　村　そういう見方からすれば、受益率が九〇パーセントを超している国保でさえも、滞納者世帯が一割近くあるわけですから、受益率が低い介護保険の場合は、滞納率が国保以上になることは、目に見えているという感じですね。

〝双子の赤字〟を抱えることになる？

小金丸　そうだね。ただし、介護保険の保険料は国保の保険料とは別に払うのではなく、国保の保険料に上乗せして、一括して徴収することになるから、それほど極端に滞納率がアップするというほどでもないとは思うけどね。とはいっても、介護保険の上乗せ分だけは払わないという加入者も出てくるだろうからね。そういうケースにはどう対処するか……。

中　村　もっとも国保の赤字についての〝学習効果〟のせいか、介護保険では厚生省も保険料未納への対応策を考えていますね。第一号被保険者の未納分については、国、都道府県、市町村の拠出金（第一号被保険者保険料から出す）による「財政安定化基金」を設けて、そこから未納分を補充するという制度もできているわけですね。

小金丸　しかし、その補充分の半額は、財政安定化基金からの市町村に対する貸付金とされて、市町村は次年度以降の三年間で基金に返還しなくてはならないからね。

中　村　それに、第二号被保険者の未納分（収納率低下による国保保険料未納分）については、その半分は財政安定化基金ではなく、国が直接に補充してくれますが、残り半分は市町村が負担しなければなりませんね。

小金丸　だから市町村は、介護給付費用の公費負担分のうちの二五パーセントに加えて、第二号被保険者の未納分の半額を負担することになるわけだ。将来、介護保険の保険料の滞納者は、国保の滞納者の数を上回ることは確実だろうから、市町村の負担が増大することは目に見えているよ。これでは、あまりにも市町村に負担がかかり過ぎるのではないだろうか。

中　村　そうですね。市町村は国保の赤字に加えて、介護保険でも赤字という、〝双子の赤字〟を抱えることになるかもしれませんね。

中村係長と私の心配が、杞憂に終われればなによりのことなのだが……。

鎌倉市役所の保険年金課窓口

「とにかくやってみるしかない」（中村係長との雑談 Ⅱ）

突然〝第二の国保〟出現？

中村隆義係長と私の、介護保険をめぐる雑談が続く。

中　村　それにしても、介護保険はどうして最初から、社会保険方式でやることになったんでしょうね。

小金丸　いや、もともとは厚生省も、発端は社会保険としてではなく、税収による事業としてやるつもりだったらしいよ。政府の税制調査会の会長である加藤寛氏（千葉商科大学学長）が雑誌に書いていたのを読んだことがあるけど、それによると厚生省は、もともとは消費税のアップ分で行政の介護サービス事業をやるつもりで、税制調査会が打ち出した七パーセントの消費税が実現したら、それを財源にして公的介護をやることを構想していたそうなんだね。ところが消費税が五パーセントにしか上がらなかったもんだから、公的介護の財源は得られないと判断して、急に社会保険方式に転換したということらしいんだね。

中　村　そうなんですか。なんだか私は、公的介護では最初から社会保険方式が一人歩きしているような印象を受けていたんですが、なるほど厚生省も、かつては税収方式を考えていたこともあるんですか……。

小金丸　いまとなっては議論しても追いつかないことなんだけど、本当はマスコミももっと、社会保険方式か税収方式かについて、検討を尽くしてほしかったと思うよ。

中　村　介護事業は国民みんなで支えるものだという建て前から言っても、税収でやってもよかったと思いますね。それが社会保険方式でやることによって、保険料は四十歳以上の被保険者による受益者負担だということになって、聞こえはいいけれども、実際に保険料の徴収にあたる市町村の現場からみれば、保険料の収納率に悩まされる〝第二の国保〟が突然に出現したようなものですからね。

小金丸　はっはっは。君もだいぶ頭が熱くなってきたようだね。まあ、国保でも滞納整理に悩まされているわれわれ現場としては、滞納者が国保よりも増えるであろう新しい制度の出現に対しては、どうしても拒否反応を示してしまうところがあるからね。

中　村　介護保険が発足する西暦二〇〇〇年度の時点では、保険料の単純平均が一人当たり二千五百円ですが、高齢者が増える二〇二五年には、保険料が一人当たり二万円まで上がると試算している学者もいるそうです。そうなると、夫婦二人で保険料が月に四万円。もちろんそのころにはわれわれは引退していて、後輩たちが介護保険料の徴収にあたっているわけですが、彼らの苦労がいまから察せられますね。

中村係長と私は苦笑した。

市民の介護サービス要求に応えられるか？

小金丸　ま、先の苦労の話はそれくらいにして、当面われわれが介護保険の準備担当者としてやらねばならないのは、まず鎌倉市には介護保険の対象となる六十五歳以上の要介護者がどれくらいいるのか、人数を把握するということだね。

中　村　そうです。特別養護老人ホームなどの施設にいる要介護者の数は、高齢者福祉課で把握していて、平成九年三月三十一日現在で、二百三十六人と判明しています。そして家庭にいて家族の介護を受けている人たちの人数は推定で約二千三百名となっていますが、この他に病院に入っている人たちや施設の入所待ちの人もいるわけです。

小金丸　なるほどね……。

中　村　ところで課長は介護保険制度が発足したら、介護を必要とする市民の要求に応えるだけのサービスができると思いますか。

小金丸　正直いって難しいと思うね。高齢者福祉課の担当職員に聞いたところ、計画どおりに施設整備をするのは無理だといっていたよ。

中　村　私もそう思います。たとえば、鎌倉市高齢者保健福祉計画では、平成十一年度までに現在ゼロの老人保健施設を四カ所（三五六床）つくるとか、特養ホームを現在の三カ所（二一〇床）から五カ所（四二六床）にふやすとか、在宅介護支援センターを七カ所増設するなどいろいろ計画していますが、見通しは暗いですね。

意外な困難は「介護認定審査会」か

小金丸　想像はしていたが、現場担当者からみるといろいろ問題がありそうだね。保険料徴収の問題は別として、そのほかにはどんな困難がありそうかね。

中　村　そうですねえ……。被保険者が介護申請をしたときに、どのような介護サービスを行なうかを審査する「介護認定審査会」の運営が、意外に難しいのではないかと思います。

小金丸　なぜかね。

中　村　介護認定審査会は、市の調査員が介護申請者に会って調査した結果を受けて、医師、保健婦、市の福祉担当者らが審査し、厚生省が定めた六段階の介護サービスのどれを提供するかを決めるのです。しかし現実には、人口が十七万人近い鎌倉市の場合には、介護の申請が一カ月千件から千五百件くらい出てくることも考えられます。そうなったら、審査をさばき切れるかどうか……。

小金丸　むろん介護認定審査会は、ひとつだけでなく、何チームも作って、同時に平行して審査に当たるわけだね。

中　村　そうですね。一カ月に千件から千五百件の申請をさばくには、審査会が週五日稼働するとしても、一日当たり五十件から七十件くらいをこなさなくてはならないわけです。そうなると、特に忙しい医師の人たちには、交替で審査会に出てもらうとしても、毎日となるとどこまで協力してもらえるか、心配になってきます。審査会の人件費だって、相当な額に上がるんじゃないかと思います。

小金丸　なるほど。その数字を聞くと、大変な事務量になるね。それに介護の申請者からは、審査結果への不満も来るだろうしね。一九九五年四月にドイツで政府が介護サービスを始めたときには、審査への不満が殺到したと聞いているよ。

中　村　ええ。介護サービスそのものは、ヘルパーの増員や施設の拡充によって、徐々にではありますが満足できるものに近づけることができると思います。むろん市町村のあいだでサービスの格差が生ずることは避けられないでしょうが、それは施設の不充分なところでは、そのぶんだけ保険料を安くすることなどで、ある程度は対応できると思います。しかし審査会の問題は、医師などの人員の件や審査への不満の件など、人口の多い市ほど困難が生ずるような気がしますね。

小金丸　しかし、現実に介護保険制度はスタートすることが決まっているわけだから、とにかくやってみるしかないね。

中　村　そうですね。われわれ介護保険準備担当者としては、もうひとつの国保を作るのと同じくらいの重要な仕事だと考えて、責任感と同時に不安も感じますけど、制度の最初の仕組みを作って立ち上げるのだとすれば、やり甲斐はありますね。

小金丸　そのとおりだよ。

中村係長と私は雑談を切り上げた。

追記

この章を書いたのち、平成十二年度に介護保険制度がスタートした。

今年（平成十六年）で四年になるが、この章で私が懸念した介護保険財政の大幅な赤字や介護認定審査会の運営については、大きな問題はなく順調に運営されている。これは先行した国保制度の学習効果であり、なによりのことと思う。

ただ、介護サービスの提供については、入所施設の整備が需要に追いついていないのが現状である。入所希望の待機者が多数いるので、施設整備を急ぐことが今後の課題となっている。

人間性が問われている

国保担当は行政の中で特殊な仕事である

私は平成九（一九九七）年に保険年金課の在籍が通算で八年になった。その間の経験から、国保の仕事は市役所の行政事務のなかでもかなり特殊なものだと思うようになった。

国保の仕事では必ず保険料を滞納する者が出て、その滞納者を直接に相手にする限り、事務が事務で終わらないからである。

生身の人間の、生身の生活事情に接しなければならず、ときには滞納者に嘘ばかりつかれて、人間不信に陥ることもある。だから表現は悪いが、滞納者を相手にする仕事は、かなり精神的に消耗する。

普通の窓口業務や管理部門の仕事では、それぞれの困難はあろうが、仕事はおおむね事務として流れていくだろう。

国保の場合も、保険料の賦課などのルーチンな仕事は、事務として流れていく。滞納者を相手にする仕事でも、督促状や催告書を発送するだけなら、これも事務として流れていく。

ところが、このような〝事務の流れ〟から外れて、自分のほうから一歩でも滞納者の側へ踏み出していって、積極的に督促に当たろうとすると、非日常的な精神世界に足を踏み入れることになる。すなわち、自分が平静な精神状態ではいられないような事態に、たびたび直面することになるのである。

たとえば二カ月のあいだ追いかけてやっと相手に連絡をつけ、保険料を支払うとの約束をもらった。

月曜日の朝八時半に自宅に取りに来てくれと言われ、約束どおりに行ってみたら、自宅には鍵がかかっていて、誰もいなかった……。

私もサラリーマンだ。毎朝の出勤時間より三十分も早く家を出るには、前の晩から気構えが違う。そうやって意気込んで、私は市役所の車を運転して、相手の家へと向かったのだ。

「だまされた！。許せない！」

まだ朝なのに、怒りと悔しさと疲れが一度にドッと出てくる。その日は一日じゅう気分がすぐれない。

これほど嘘をつかれ裏切られることが当り前になっている職種は他にない

ある零細企業の経営者には、三カ月の間に十七回も電話をし、二回程家を訪問もした。本人がつかまったときにはいつも、「今は金がない。一週間待ってくれ。必ず連絡する」と哀願する。だが、いまだに一度も連絡も支払いもない……。

日常の仕事のなかで、こんなにひどい嘘をつかれて裏切られることが、当り前?のようになっているという職種は、市役所に限らず、民間を含めても珍しいのではないか。

サラ金の督促でさえも、これほど嘘をつかれ続けるということはないだろう。利用者が業者の報復を恐れるからだ。

しかし国保の場合は、滞納者も、督促してくる相手が市役所であり、公務員だから、本当にキツイことはしてこないだろう、適当にその場を言い逃れてやり過ごしていれば、そのうちに督促もこなくなるだろうと、ナメているのである。

だからこそ、日常生活でも仕事の上でも、ほかの人間に対してはついたことのないようなひどい嘘を、平気で(とまでは言わないが)、つくのだろう。仮に零細企業主が、仕事上の相手にそんなにひどい嘘をついたら、いっぺんに取り引き停止になってしまうだろう……。

こちらを公務員だとナメているからこそ嘘をつくのだと、分かっているから、私の怒りと悔しさと疲れが、倍加するのである。つまり精神的に消耗するのである。

こんな悪質な滞納者に対しては、まじめに熱心に督促に当たれば当たるほど、それだけ多く嘘をつかれ、消耗することになる。国保担当はやはり行政のなかでも特殊な仕事である。

滞納者のほうも、なにも滞納したいと思って滞納しているわけではないだろう。それぞれに苦しい事情を抱えていることは、滞納者と直接に接触してみればすぐに分かる。滞納者には失業している人とか、離婚した女性とか、社会的に弱者である人も多い。

それでも、滞納者のうちでもかなりの人が、なんとか払おうと努力している。平成九年当時に私が担当していた滞納者百四十八世帯のうち、二十四世帯が完納してくれた。また、三十七世帯が毎月の分納に応じてくれていた。

一方では消耗し、一方では励まされて「負担の公平」を目指す

だが、滞納者のなかには、ひどい嘘をつき続けて絶対に払おうとしない者や、居直る者が、本当にいるのである。立派な一戸建てに住み、車も持っている加入者が、「医学部に行っている息子に金がかかって、保険料が払えないから待ってくれ」と言って、払おうとしない。

私が督促すると、「息子を退学させろというのか」と居直るのである。

そのころベストセラーになった『平気でうそをつく人たち』（M・スコット・ペック著）という本

を読んだ。

精神科医である著者は、自らの診療体験から、世の中には〝邪悪な人〟がいると考えるようになった。

彼らは、どこの町にもいる普通の人間だが、罪悪感というものを持たず、自責の念に耐えるというような気持ちはまったくなく、平気で他人をスケープゴートにして、責任を転嫁する。

私はこの本を読んでいるうちに、頭の中に悪質な滞納者のことが二重写しになって浮かんできた。〝邪悪な人〟とまで言うのは言い過ぎだろうが、私に対して嘘をつき続ける悪質な滞納者のなかには、罪悪感を持たず、保険料を払えないのを他人のせいにして責任を転嫁して平気でいる人もいる。

その人たちは、公務員である私に対してだけ、そういう態度であるのか、それとも、自分の生き方全体においても、これまでもそんな態度でやってきたのかどうか……。

だが、私を力づけてくれるのは、既述のY夫のアパートを最近訪ねたときのような体験である。

Y夫はやっと就職した会社が不景気で仕事がなくなり、転職したばかりで余裕がなかった。それに腰を痛めて十日も会社を休んだから、今月の給料も少なかったという。

しかし約束の日に集金に行くと、Y夫の母親が「少しだけでも払います」と言い、私の目の前で財布から三千円を取り出した。あとは財布に千円札が四、五枚残るだけであるのが見えた。

Y夫の状況からすれば、それが母親の持ち金の全部であることは容易に想像がつく。

こんなに苦しい人たちから、保険料を受け取りたくないと、私は一瞬思った。だが、こちらが受け取りたくないと思うような人でさえも、懸命に払ってくれるのだという感動が、私を前に進めるのである。

嘘をつき続ける人もいる。が、わずかな持ち金の中からでも払ってくれる人がいる。私は一方では消耗し、一方では励まされながら、「負担の公平」を目指していかねばならない。嘘をつかれたときにも、あるいは逆に感動を与えられたときにも、どのように対応していくか、私の人間性が問われているのだと感ずる。

永遠の悩み

いつも子供が出て「父はいません」

国保は国民皆保険制度の中核をなしているが、私は国保の現場担当者の一人として、ひとつの悩みを持っている。

国保は被用者保険の加入者や生活保護を受けている者以外はすべて加入させているので、低所得者はもとより、無収入者や無職者も含まれ、したがって一定の割合で滞納者が出ることは避けられない。

滞納者のなかには、低額の保険料さえも払えない状況の者がいる。そんな人たちに対しては、われわれ現場の担当者は、督促すればするほど、自分たちは弱い者いじめをしているのではないかと感ずることもあるのである。

たとえば鎌倉市内の閑静な住宅地の一角にある木造二階建てのアパートに住むSの場合。

平成九年当時にSは五十歳だったが、十八歳と十三歳の二人の息子との三人家族、つまり父子家庭である。

Sは横浜の工事現場で働いている作業員で、保険料を二年以上も滞納している。

アパートに電話すると、昼間はいつも留守である。夜に電話すると、かならず十三歳の息子が出る。まだ中学二年生である。

「父はいません。帰ってくるのは夜遅くなってからです」

と、息子の答えは決まっている。

五月中旬のある晩七時ごろ、私はSのアパートへ行ってみた。トタン張りの建物には、一階と二階にそれぞれ五世帯が入っている。一階の一室がSの部屋だった。窓に引かれたカーテンを通して部屋の灯りが見えた。

Sが帰宅しているのかもしれない。私は期待を込めてドアをノックし、大きな声で言った。

「今晩は。市役所の者です」

中から子供の声が聞こえた。

「何の用ですか」

「国民健康保険の保険料のことで来ました」

部屋の中でボソボソと話す声が聞こえてから、返事があった。

「父はまだ帰っていません。僕では分かりませんから、またにしてください」

声だけで、ドアを開けようとしない。仕方なく、父親への伝言を述べて、催告書が入った封筒を渡そうとした。だがドアは依然として開かず、子供が言う。

「外の郵便受けに入れておいてください」

部屋の中には父親がいるのかもしれないと思った。だがドアを開けてくれないのではどうしようもない。私はかならず市役所へ電話をくれるようにと伝えて、その場を去った。

六軒のアパート群の加入者は高い滞納率

どういう事情でSは父子家庭になったのか。生活が相当に困窮していることは想像がつく。それにしても、私がかける夜の電話に出るのも中学生の息子だし、いまも息子が、父親への督促に対する盾となって、親をかばっている。そんな役目を果たす子供の気持ちは、相当に傷ついているのではないか。私の足取りが重くなる。

Sに対しては、しばらく様子を見ようと私は思った。

Sが住むアパートに隣接して、ほかに三軒のアパートがある。さらに、道路を挟んだ向かい側にも二軒のアパートがある。戸建てが多い住宅街の中で、この辺だけに六軒ものアパートが集中しているのである。

そしてこの六軒には、私の〝お得意さん〟が多く住んでいるのである。

六軒のアパートには合計三十九世帯が入居しており、そのうち十四世帯が国保に加入している。その十四世帯のうち、実に半数もの七世帯が保険料を滞納している。つまり滞納者の率は五〇パーセントである。

鎌倉市全体の国保加入者の滞納者の率が九パーセントであるのにくらべると、このアパート群の加入者の滞納率がいかに高いかが分かる。

前記のSを除く滞納者六世帯のうち、四世帯が男の単身世帯である。そのうち三人（五十一歳、四十六歳、四十二歳）は無職で、一人（五十二歳）が新聞配達員、残る一世帯（六十六歳の夫と六十三歳の妻）は年金生活者である。

この六世帯のうち、接触して直接に督促ができた三世帯は、分納に応じてくれた。残る三世帯についても、その後に接触して督促した。このように、滞納者への督促では、直接に接触することが決め手となる。

収納率アップと低所得者への督促の自責でジレンマ

しかしなかには夜間や休日に自宅へ行っても、なお接触できない滞納者もいる。またSのように、子供が盾になっていると見える場合もある。

督促に当たっては、接触そのものができないという物理的な困難だけではなく、心情的な困難もあるのである。

すなわち、本当に低額の保険料さえ払えないという状況の人もいて、そういう人たちに対して強引に督促すれば、Sの場合のように、子供の心までも傷つけるのではないかと、心情的に危惧せざるを得ないこともあるからである。

その一方では、保険料収納率のアップという厚生省（現厚生労働省）の指導方針があり、収納率が低下すると国からの交付金に影響がでてくるのである。

そのためにわれわれ市町村の国保担当職員は、収納率アップの課題と、どうしても払ってもらえない滞納者が恒常的に存在するという問題とのあいだで、ジレンマに悩みながら仕事を続けている。

一つの解決方法としては、高齢者、無職者、無収入者には、現在の国保とは別の医療保険制度をつくって、その制度に加入させることである。高齢者、無職者、無収入者のなかには滞納者がかなり多く、これらの人たちから保険料を徴収することは困難だというのが、現場担当者の実感だからである。だが、そのように高齢者や無職者を別枠にするということについては、差別であり、認められないとする主張にも一理あるように思われる。そして高齢者や無職者のような社会的弱者をも包含して運営していくところに、国民皆保険制度の中核としての国保の役割と意義があるのかもしれないとも思う。

一方、人並みの、あるいは人並み以上の生活をしながら滞納している加入者に対しては、われわれは「負担の公平」の精神をバックボーンにして、督促に励んでいるのである。

だが、やむを得ざる事情で支払いが困難だという人たちも現実にいるのである。そのような人たちに対した場合に、われわれは収納率アップの命題と、人間としての心情的困難との狭間に立って悩まざるを得ないのである。この悩みは、現在の国保制度が続く限り、われわれ現場担当者にとっては永遠のものではないか、と思わざるを得ない。

幸福の与件——海外医療保険事情

息子の大学進学を願った友人レオ

平成九（一九九七）年のことである。フィリピンの友人のレオから手紙がきた。読んでみるとその主旨はこうだった。

「このあいだお願いした息子の大学進学は、あきらめざるを得なくなりました。あのお願いはなかったことにしてください」

私はこのフィリピンの友人から、彼の息子を、同国セブ島にあるＵＳＰ（南フィリピン大学）の総長に紹介してほしいと頼まれていた。だが、それが不要になったというのである。しかも不幸な事情によって……。

私は趣味のスキューバダイビングを楽しむために、毎年二、三回はフィリピンのセブ島に行く。

レオは、そのセブ島で私がいつも泊まることにしているホテルのマネジャーである。

ホテルはセブ島の中心部のダウンタウンにあり、この島を訪れるビジネスマンも利用する中規模のものだ。そんなホテルのマネジャーで、年齢も当時四十六歳だったレオなら、息子を大学に進学させるくらいは、それほど無理をしなくてもできるのではないか……と、日本人なら考えるところだろう。

ところがフィリピンでは、そうではないのである。そして、そうではないという理由のひとつが、フィリピンには医療保険が普及していないということにあるのを、私は知ることになったのだ。

レオと私は親しい。もう十年来のつきあいで、彼はホテルの宿泊料をいつも二割引きしてくれる。私のほうも、いつも何か土産の品を持っていく。そんな間柄のレオが、その年の七月に私が彼のホテルに滞在したときに、改まった様子で私に頼みがあるという。

「実は、息子が来年、大学に進学するのだが、セブ島で一、二を争うといわれているUSPに入りたいと希望している。そこで、あなたが親しくしているUSPの総長のD氏に、息子を紹介していただけないだろうか」

USPのD総長は、かつてセブ市長をしていたころに、鎌倉市を訪問したことがあった。そのときに私は、鎌倉市議会議長S氏が、D市長に会うのに同席し、通訳をつとめた。

その後一九九二年に、私はS氏とともにセブ島に滞在した際に、二人で市長から大学総長に転じていたD氏を訪ねた。そのとき以来、私はD総長と親しくなり、交遊が続いていたのである。私はセブ島に来たときには、彼の自宅に遊びに行ったり、大学を訪ねたりしていた。

そういう事情を知っていたレオは、自分の息子の大学進学に当たって、私にD総長への紹介を頼んできたのである。

父親の入院三週間で進学の夢消える

私はレオの力になってあげようと思い、その場からD総長の自宅に電話をした。家族が出て、Dはいまヨーロッパに出張中で、二週間後でなければ帰宅しないという。

私はレオにそれを伝えてから言った。

「進学はまだ来年のことだし、私は今年のうちにあと一回か二回はセブに来るから、そのときにD総長に頼んであげますよ」

レオの顔がパッと明るくなった。

そのレオから私に手紙が来たのは、二カ月後のことだった。私は胸騒ぎを覚えながら、文面に目を走らせた。そこには、私がセブ島から帰国して一カ月後にレオに生じた病気のことが書かれていた。

レオの病気はわき腹に激痛を感じたことから始まった。医者に診てもらうと、即時入院となった。

診断結果は胆石ということで、幸い手術はまぬがれたが、入院期間が三週間に及んだ。その入院費が約二万ペソ（当時の換算レートで約八万円）もかかってしまった。

私がそのころ親しくなったフィリピンの若い警官の月給が五千ペソ（約二万円）だったから、二万ペソという入院費がフィリピンではいかに高額かが分かる。レオの月給が約六千ペソと聞いていたので、大変な出費であった。彼の手紙には苦衷の決断が述べられていた。

「この二万ペソは、息子の大学の費用として蓄えておいたものでした。それを入院費に使ってしまいましたので、余裕がなくなり、息子には大学進学をあきらめさせざるを得ませんでした。そういうわけで、もうD総長へご紹介いただく必要はなくなりました。いままでのご厚意に感謝します」

レオにとっては、自分の病気のために息子に大学進学をあきらめさせたことは、断腸の思いであったろう。私は胸がつまってきた。子を持つ同じ親として、彼の無念さが痛いほど分かった。

わずか三週間ほどの入院で、息子の大学進学のための蓄えが吹っ飛んでしまうという悲劇になったのは、フィリピンでは日本のような国民皆保険制度がないためである。

この本の「フィリピンの健保制度」の章でも書いたように、フィリピンでは医療保険に加入できるのは公務員、大企業及び中堅クラスの企業の社員くらいである。それ以外の人は無保険である。レオのような中規模クラスのホテルのマネジャーでも、医療保険には加入しておらず、病気やケガで病院に行くと、医療費は全額自己負担なのである。

もしフィリピンにも国民皆保険制度が実施されていたなら、レオの息子の進学の望みが断たれることはなかっただろう。それを思って私は、日本の国民皆保険制度のすばらしさを再認識した気持ちになった。

わが国の国民皆保険制度を支えている国保や企業の組合健保、公務員の共済組合等は、それぞれ保険料の高額化や財政問題など、いくつもの課題を抱えている。しかし、基本的には皆保険制度のおかげで、その制度のない国々にみられるような、高額な医療費負担や、貧富の差による医療の不公平といった、その社会の根本的矛盾のひとつに数えられるような事態をまぬがれている。

医療はそれほど人間（国民）にとって身近で基本的な問題である。だから、安心していつでも医者にかかれるかどうかは、それぞれの国の国民にとって〝幸福の与件〟のひとつであるといえよう。

待機患者激増で分裂した英国の皆保険

では世界の主要国の医療保険制度はどうなっているか、概観してみよう。

社会保障の老舗の英国は、「国民医療サービス」（ＮＨＳ）という制度で国民皆保険を実現している。国民がＮＨＳに加入して保険料を支払うと、医療費の九割は税金負担で支払われる。

ただし、加入者は全員、地域の家庭医に登録される。そして病気になると、最初の診療を第一次医療としてかならずその家庭医にかかり、必要があれば家庭医が専門治療をする病院を紹介するという仕組みである。家庭医の診断や治療は無料である。

もともとＮＨＳは高度福祉国家を目指した労働党政権が一九四八年に創設し、英国民は無料で平等な診療を受けられるという〝幸福〟を享受した。「ゆりかごから墓場まで」といわれた英国の手厚い社会保障の柱のひとつであった。

しかし医療費は年々増大し、経済の不振と相まって国家負担の重みが限界に達した。一九七九年に登場した保守党サッチャー政権は、医療予算に上限を設け、医療費の抑制に踏み切った。

またサッチャー政権は一九九〇年には家庭医に対して、登録した住民の人数分の医療予算を割り当てる制度に改めるとともに、ＮＨＳの契約病院を独立採算制にして、競争原理を導入した。

これらの改革によって、医療のさまざまなサービスが低下し、なかでも長期間待たなければ治療を受けられないという待機患者（順番待ち患者）の大量発生が問題化した。緊急の必要性のない患者は、相当に深刻な病気でも治療が一年先とか一年半先になるという状況が出現した。労働党のブレア政権が発足して三年後の二〇〇〇年には、待機患者の数は百万人を超え、一種の社会問題と化した。

なにしろ、白内障の手術を受けるのに一年半も待たされたために失明してしまったとか、左官職人がつい間板ヘルニアの手術を受けるのをやはり一年半も待たされ、失職しそうになっているなどという話が伝えられていたのである。

ブレア政権は二〇〇一年から先の四年間に、医療費を毎年二十億ポンド（当時の換算レートで約三千四百億円）ずつ増やす方針を取ったので、待機患者の数はわずかに減り始めたものの、現在もまだ百万人近く残っている。

すでに英国では九〇年代から、待機の順番待ちをせずに治療を受けられる民間の医療保険が盛んになり、経済的余裕のある人たちはそのような個人保険に加入している。

英国の「ゆりかごから墓場まで」は、いわば分裂し始めているともいえよう。

高率保険料のドイツ「疾病金庫」制度

一方、ドイツは一八八三年に宰相ビスマルクの主導で創設された疾病保険制度が源流で、数度の改革を経て、「疾病金庫」との名称により国民皆保険を実現している。

疾病金庫は日本の健保組合に相当するもので、事業別、職業別に多数の疾病金庫がある。

この疾病金庫制度の特徴は、各金庫がそれぞれに医師（病院）と医療契約を結んでおり、金庫加入者（患者）はその金庫の契約する医師（病院）で治療を受けるシステムであることである。

疾病金庫は一種の経営体であるために、金庫と、金庫が契約する医師とは利害が反することが多く、前世紀からさまざまな対立の歴史がある。医師側は一九〇〇年に結成したドイツ国医師連合会や保険医連盟が中心となって何度もストライキをやったりしている。

加入者にとっての近年の問題は、疾病金庫の保険料の増加である。各金庫が昨年初めから相次いで保険料の値上げを実施したため、加入者の収入（税引き前）に対する保険料の割合の平均が、一五パーセントに達しようとしている。一五パーセントは、「保険料負担の心理的限界線」と見られており、これを超えると加入者の負担感は一気に重くなる。

診療無料のスペインでも皆保険の分裂

フランスの医療保険制度は比較的日本と似ていて、その仕組みは英国やドイツほど硬直的でなく、日本と同じく家庭医に登録していなくても、自由にどこの医院や病院でも診療が受けられる。ただし、フランスでも医療の効率化が進められた結果、病院のベッド数の不足や医師、看護師の不足が表面化し、患者の待機現象も起きている。

比較的うまくいっているのはスペインかもしれない。スペインでは一九八〇年代初めまでは公務員や労働者が加入する医療保険があったが、国民皆保険制度ではなかった。

しかし一九八二年に成立した社会労働党政権が、公費を財源として無料診療を実施する国民皆保険の医療制度を確立した。当初は国民（加入者）も保険料の一部を負担していたが、現在では財源の全額が公費となっている。

心臓移植など高度の技術を要する手術を受けても、無料だというのは、日本では考えられないことだが、反面、加入者は自分が登録した家庭医の紹介がなければ、専門医を受診できない。

問題は、順番待ちの待機患者が生じていることである。重篤の患者や救急患者は待たされることはないが、それ以外の患者は平均一カ月半から二カ月、長くなると半年は待たされる。

そこでスペインでも、家庭医の紹介が不要で、順番待ちをしなくてすむ民間の医療保険がかなり普及している。その割合は、人口約四千万人のうち六百万人以上に及んでいる。

それら民間の医療保険の保険料は、おおむね月額一万ペセタ（約七千円）から一万五千ペセタ（一万円）になる。これは日本にくらべると物価の安いスペインでは、相当な金額である。ここでも国民皆保険に分裂現象が起きている……。

米国医療制度の歪み象徴する無保険者四千万人

主要先進国の中で、国民皆保険制度がない国としてもっとも目立つのが、いまや唯一の超大国となったはずのアメリカであるのは、皮肉なことかもしれない。

アメリカでは医療保険に加入していない無保険者の数が、二〇〇二年に四千三百五十七万人となり、全人口に対する割合は一五パーセントを超えた。無保険者が前年より二百三十七万人も増えた結果である。これは企業のリストラが進行したためと思われる。

皆保険ではないアメリカでは、公的医療保険は六十五歳以上の高齢者だけが加入できる「メディケア」（一九六五年開始）と低所得者だけが加入できる「メディケイド」があるだけである。他はすべて民間医療保険である。

加入者の人数でいえば、民間医療保険が約一億九千九百万人、メディケアが約三千八百万人、メディケイドが約三千三百万人、そして無保険者が前記のように約四千三百六十万人ということになる。

所得でいえば、高所得者から中所得者の中層までが、民間医療保険に加入しているということだろう。中所得者の下層がいちばん苦しくて、この層に無保険者がもっとも多いのである。

低所得者はメディケイドで救われるから、こと医療に関しては低所得者のほうが、中所得者の下層よりはかえって楽をしているということになる。一言でいえば中の下がいちばん苦しいわけである。

アメリカの医療費は高い。

たとえばニューヨークあたりで、中年者が無保険で、アレルギー用の注射を毎月一回、インフルエンザと寄生虫の予防注射をそれぞれ年に一回、健康診断を年に一回、ぜんそくとアレルギー用のクスリの処方を毎月一回してもらうと、年に合計で四千ドル（約四十三万円）くらいになる。手術や入院でないこれらの診療でも、日本では考えられないような金額となる。

だからみなが民間の医療保険に加入しようとするのだが、その保険料もまた高い。加入者が医療保険会社に支払う保険料は、月額四百ドルとか五百ドルになる。障害児を持つと、保険料が倍額になったりする。だから中の下の人たちは、なかなか民間の医療保険には加入できない。

かつてクリントン政権は、その発足当初に国民皆保険制度を導入しようと、相当に努力した。しかし産業界の反対などで、結局は実現しなかった。その結果、いまや四千万人を超えた無保険者は、アメリカの医療制度の歪みを象徴する存在となっている。いわばその四千万人は、わずか三週間の入院で息子の大学進学を断念させられたフィリピンのレオと同じ状況にあるともいえよう。

このように主要国の医療保険制度をながめてみると、どの医者、どの病院でも自由に診療を受けられるフリーアクセスの仕組みを取っている日本の皆保険制度は、身びいきかもしれないが、より優れた制度であるように思われる。そして、優れた制度であればあるほど、その維持には困難が伴うことも事実であろう。

収納率アップと担当職員の役割（究極の滞納整理　Ⅰ）

同じ対策でも取り組み方で成果がちがう

日本の国民皆保険制度を支えている国保は、平成十四年度現在で全国三千二百二十四の市区町村（国保組合は除く）によって運営され、加入者は平成十四年十月に初めて五千万人を超えた。

この国保を運営する保険者、すなわち市区町村にとって、最大の悩みは保険料の収納の問題である。収納の問題とは即、収納率をいかに向上させるかということである。

平成十四年度の全国三千二百二十四保険者の平均収納率（現年分）は九〇・三九パーセントであった。つまり、約一割近くの加入者が保険料を未納している状況である。

その未納保険料の総額は約三千六百億円であり、同年度の国保財政の実質赤字である四千百八十八億円の約八六パーセントを占めている。

もし国保保険料の収納率が他の医療保険（組合健保、共済組合等）と同じように一〇〇パーセントになるならば、国保財政の基盤は相当強化されることはまちがいない。だから収納問題が、国保の将来の命運を握っているといっても過言ではない。

ではどうしたら収納率を上げることができるだろうか。これについてはすでに本書のテーマとして、さまざまな私の体験を述べてきたが、あらためて項目的にまとめてみるとともに、それらの項目を実際に担当している職員と管理職のあるべき姿について述べてみよう。

まず、収納率向上の具体的な方策を項目的にまとめてみると、次のようになる。

一　全庁的な徴収体制を確立し、一定期間徴収強化を図る。
二　休日や夜間に電話催告や訪問徴収を実施する。
三　嘱託徴収員の増員を図り、滞納者を訪問させて納付を促す。
四　保険料納付に銀行か郵便局の口座からの引き落しを利用してもらう口座振替の促進を図る。
五　被保険者資格証明書や短期被保険者証の交付により納付を促す。
六　滞納処分（財産の差押えに始まって、換価、配当に終わる一連の手続き）を実施する。
七　保険料納付の重要性について広報活動を行う。等々。

これらの方策は、その内容に濃淡はあっても、どこの市区町村でも実施しているところであろう。

しかし、なかなか効果が上がらないのが実情である。

なぜか。私の八年間の国保担当の体験では、収納率を向上させるのは、これらの方策を実際に担当する職員と管理職の取り組み方のちがいである。つまり、これらの方策の実施はいわば当然のことであって、そこで効果を上げるかどうかは、職員と管理職が、どのような心構えとやりかたでこれらの方策の実施に取り組んでいるかのちがいによるのである。

では、まず担当職員の取り組み方から述べてみよう。

ワラは千本集まっても柱にならない

滞納整理業務を担当する職員に求められる第一のものは、強い正義感と公平感である。

本書の最初にも私が書いたように、アパート暮らしの母子家庭でも苦しい中から一生懸命保険料を支払っているのに、他方では相当な資産や資力がありながら保険料を払わないという不公平を、そのままにしておいてはならないという感覚を、持てるかどうかが重要である。

私が八年間国保を担当したあいだでも、本当に正義感・公平感を強く持った職員は、少数しかいなかった。少数しかいなかったけれども、そういう職員はきっちりした、いい仕事をしていた。

たとえば、強い正義感・公平感を持っていてはじめて、滞納者ととことんまで渡りあって、滞納保険料の支払いに応じさせることに成功したということを、私自身の体験としても、部下の実例としても見てきた。

正義感・公平感の強くない職員は、めんどうな滞納ケースやいやな滞納ケースは、処理することを避けてしまうのである。そういう職員は、たまたま現在こういう課に配属されているから、それなりの仕事をしていればいいと考えてしまい、表面的な仕事はしても、突っ込んだ仕事はできない人が多い。

滞納整理は、突っ込んでやらないと絶対に効果は上がらない。どこの市区町村でも前記のような収納率向上のための方策を実施していながら、その効果に差が出てくるというのは、それぞれの地域の事情もあるが、大きい原因は、強い正義感・公平感を持って仕事に当たっている職員がいるかどうかによるのである。強い正義感・公平感が身体に染み込んでいる職員がいないところでは、人数がいくら多くても、成果は上がらない。

たとえば前記の方策の第一の、全庁的収納体制の実行では、助役をトップにして全管理職まで動員してやるようなケースもあるが、一時的な効果が少し上がるだけにとどまることがほとんどである。大げさな言い方をすれば、ワラは千本集まっても柱にはなれないということである。

強い正義感・公平感は、いわば国保担当職員の使命感である。

多くの国保担当職員も、頭ではこのことが分かっている。しかし現実にはなかなか強い正義感・公平感が身体に染み込んでいかない。

では強い正義感・公平感が身体に染み込んでいくにはどうすればよいか。

これは各職員が数多く滞納整理の現場に出て、そこで汗をかくことしかない。現場では、いやなケース、怖いケース、辛いケース、そして時には心打たれるケースがある。自分の人間としての感覚に強く響いてくるそれらのケースを体験し、積み重ねていくことによってはじめて、正義感・公平感が身体に染み込んでいくのである。

正義感・公平感は、いわば人間としての感覚の振幅のなかでもっとも鋭い部分というか、先端の部分であろう。そういう感覚は、頭ではなく、身体によってしか自分のものにはできないということであろう。

そして私が国保担当八年間で知った少数の強い正義感・公平感を持った職員は、他の部署に変わってからも、良い仕事をしていたと思う。それは、強い正義感・公平感は、いわば公務員としての使命感でもあって、どこの職場でも通用する汎用性を持つものだからであろう。

どうしたら滞納整理が楽しくなるか（究極の滞納整理 Ⅱ）

いやなケースも前向きに受け止めることから始まる

滞納整理に当たる担当職員の取り組み方として第二に挙げたいのは、徴収業務を楽しんでやれるようになれということである。

このことも前にちょっと触れているから、ここではもっと詳しく、いわば私の本音と言えるような話も書いてみよう。

最初に言えることは、滞納整理を初めから楽しい仕事、面白い仕事だなどと思える人はいないだろうということである。

滞納整理を突っ込んでやろうとすると、つまり現場にどんどん出てやろうとすると、突っ込んでいけばいくほど面倒なことが起きてくる。嫌われるのは当然のことで、その上に怒鳴られたり、怖い目にあったりと、いやなことがどんどん起きてくる。

だからこそ、多くの担当職員は、文書催告のみで、たまにポーズとして滞納者に電話をかけてみる程度の、いわば通りいっぺんの仕事にとどまっているのだろう。

しかし、やりたくなくても、そこから先に進んで、厳しい滞納の現実を掘り下げていかないと本当の仕事にはならないのである。

そして通りいっぺんの仕事から抜け出て、滞納の現実に突っ込んでいくことによってはじめて仕事を楽しくやれるような感覚が、だんだんと身についてくるのである。だからこれも正義感・公平感を身につけるのと同じく、現場に出てさまざまなケースにぶち当たることによって、育てていくしかない感覚である。

本音として言えば、最初は役所の看板、言い換えれば公権力というものを意識して現場に出ていくことによって、現場の厳しい実態に慣れていくのも、ひとつの方法であろうという気もする。滞納者に何度もウソをつかれたり、どうせ市役所の職員だから督促といっても甘いものだろうなどとナメられるのも、事実である。

だが、いざとなればこちらには資格証の交付や財産差押えという伝家の宝刀もあるのだぞ、という公権力意識を持つことによって、ウソをつかれたり、ナメられたりすることに耐え、さらには辛い目や怖い目をも、しのぐことができるのである。

そして実際に、資産や資力がありながら滞納しているケースもあるので、そういう場合には公権力意識に裏付けられながら、相手を説得することができる。

それによって相手が保険料納付に応じてくれると、公権力のありがたさを痛感すると同時に、収納率のアップという数字で努力の結果が表れるから、もっとやってみようという気持ちになる。

いやな思いをしたり、心打たれる体験にぶつかったりしながら、同時に公権力意識を持たざるを得ないような体験を重ねるなかで、次第にこの仕事は面白いと思えるようになっていくのである。

私の場合は、係長として最初に保険年金課に異動後、ある時期から滞納整理が非常に面白いと感じるようになって、それからはほとんど毎日のように、夜間徴収に出かけていた時期があった。

そのようにして現場へ出かけていくということは、まず相手の話、相手の言い分をよく聞くということであった。相手の話をよく聞くことによって、相手の生活実態と経済状態を把握することができる。

生活実態と経済状態を把握すれば、滞納者には大別すれば三種類があることが分かってくる。一つには、本当に最底辺の生活をしていて、どうしても払うのは無理だろうと思われる人。二つには、苦しい状況だが努力すれば少しは払えると思われる人。三つには、余裕があるにもかかわらず払わない人、いわゆる悪質滞納者である。

このように滞納者を分類するということは、同時に、市役所の中にいたのでは絶対に知ることのできない、さまざまな職業の人や、生活程度の違いを生身で知ることである。それは新鮮な驚きであるとともに、貴重な体験でもある。

現場でいやなケースや怖いケースに遭遇しても、このように前向きに、積極的に考えていかなければ、仕事は面白いと思えるようにはならない。そして、いやなケースや怖いケースにぶつかっても、なお前に進まなければならないと力づけてくれるのが、国保担当職員としての正義感・公平感であり、時には公権力意識であり、また困難なケースを解決したときの達成感である。

突っ込んでいく面白さと結果の数字の相乗効果

滞納者の三分類の中で、もっとも解決が困難なケースは、第一の、どうしても払うのは無理だろうと思われる場合である。ギャンブルが原因の借金で最底辺の生活までに落ちて、失業中で、七十代半ばの母親とともに六畳ひと間のアパートでテレビも電話もない暮らしをしていた既述Y夫のケースが、その典型だった。

しかし反面、そのような第一分類の滞納者でも、力づけてあげて生活指導もして、その結果、状況が好転して保険料も分納してもらえるようになったときの喜びは、他の部署では味わえないものである。こちらが滞納者に誠意をもってきちんと対応すると、状況が好転したときには、最初の訪問時には居直ったような態度だった滞納者のほうでも、人間が変わっているということであろう。

このように現場に出ることには時間と労力がかかるけれども、そうやって滞納ケースを一つでも二つでも潰していくと積み重ねが、確実に数字になって表れてくるのである。

そうなると、仕事が面白くなってきたことと、仕事の結果がすぐに数字で表れることとの、相乗効果が出てくる。

そして、面白いからさらにどんどん突っ込んでいく。突っ込んでいくと、いままで放置されていた困難なケースもどんどん解決できて、それが数字に表れるので、ますます仕事が面白くなる。こういう回転になってくる。私が係長として初めて国保担当になった四年間、保険料収納率で県下一位（市部）を続けられたのは、こういう相乗効果の回転によってであった。

滞納整理の仕事のどういうところに面白さを感ずるようになるか、それは担当職員個々が、それぞれに自分で見いだせばよいことである。私の場合は、努力の結果がすぐに数字に表れるところが、面白いと思った主な点であった。

面白いと思って仕事ができるようになれば、仕事が楽しくなるわけである。ロシアの作家ゴーリキーは戯曲『どん底』のなかの人物に、「仕事が楽しければこの世は極楽であり、仕事が義務ならばこの世は地獄である」と言わせている。仕事を楽しみながらできるか、逆に、やるしかない義務だから仕方なくやるかでは、天と地ほどの違いがある。

このように書いてくると偉そうに聞こえるかもしれないが、私も平成十五年春に定年退職するまでは、さまざまな部署を歩いてきて、なかには正直言って面白くないところもあった。いま振り返ってみると、面白くないと思っていた部署でも、ひと通りの仕事はやっていたが、そこでは自分で満足できる結果は残していないという気がする。

やはり、係長時代及び課長時代を通しての八年間にわたり国保にかかわってきた当時が、私の市役所人生でもっとも充実していたという感じである。

人間だから、向き不向きということもあろう。私は性格的に、人の話を聞き、相手の立場にもなって考えてあげるということが、苦痛に思われるようなことはなかった。国保担当に偶然配属されたことは、あるいは私の幸運だったのかもしれない。

電話催告の効果がなぜ違うのか
国税滞納と保険料滞納の比較（究極の滞納整理　Ⅲ）

国税庁の催告効果の高さのわけを推測すれば

担当職員の取り組み方として、強い正義感・公平感を持つことと、仕事を楽しんでやれるようになることについて述べたので、こんどは具体的な催告の仕方について書いてみよう。

たとえば電話による催告の仕方である。電話の活用についてはすでに「電話番号をつかめ」の章で述べたが、ここではさらに踏み込んだことに触れてみよう。

平成十四年四月から国税庁東京、大阪両国税局が、税額百万円以下の滞納者に対して、それまでやっていなかった電話による催告を始めたところ、その効果が大きくて驚いているという記事を、当時の新聞で読んだ。国税庁東京、大阪両国税局の平成十四年度の総額百万円以下の滞納者約十二万人のうち、六万九千人が電話催告で支払いに応じたというのである。効果は五七・五パーセントだったということになる。

私から見れば、なにを今さらという気もしたのだが、なにしろそれまでの文書による催告では、滞納者の一割くらいしか払ってくれなかったのが、電話による催告では急に六割近くも払ってくれるようになったのだから、国税庁が驚き、かつ喜んだのも無理はない。その新聞記事の表現によれば、国税庁は「驚嘆」したという。それぐらい、電話による催告は有効だという証左でもある。

しかし、国税庁が電話による催告をどのようなやり方で実施したかは分からないが、実際にはそんなに簡単に六割近くもの滞納者が、急に支払いに応じてくれるものではないことを、私は自分の体験として知っている。

おそらく国税庁は、ほとんど滞納者の自宅にしか電話をしない国保とは違って、税務事務上から滞納者の事業所を把握しているので、滞納者の自宅だけではなく、そちらにも電話をしたのではなかろうか。事業所にまで電話をされては、支払わざるを得ないという滞納者も多かったということではなかろうか。

町の八百屋さんや魚屋さんが、顔なじみのお客さんの前で、税務署から滞納している税金の支払催告を受けたら、まともな返事さえできないだろう。そんな電話なら、催告の効果は絶大だということになる……。

あるいは、税金は憲法にも「納税の義務」として謳われている国民の重要義務であるから、滞納者の納付意識も国保保険料に対してよりも強いのであろう。

それにしても、国保では滞納者への電話催告でもなかなか効果が挙がらず、逆に国税庁では初めて電話催告を実施したら、いっぺんに六割近くもの滞納者が支払ってくれたというのは、なぜだろう。

結局は、滞納者の収入レベルの相違ということかもしれないと、私は思った。滞納して催告の電話を受けるようなレベルの滞納者は、百万円以下とはいえ、滞納している税金の金額も比較的高く、したがって収入も多い階層であろうと想像される。だから事業所にまで電話をされて催告されれば、スンナリと支払ったケースも多かったのだろう。

それに対して、国保の保険料を滞納する階層の多くは、収入レベルが低いからこそ、国保の保険料さえも支払えないでいるというのが、現実であろう。だから電話による催告に対しても、税金の滞納者の場合とはちがって、おいそれとスンナリ支払うわけにはいかない、ということなのだろう。

つまりは収入レベルの違いと、自宅だけに電話をかけるか、事業所にまで電話をかけるかという違いによって、滞納者に対する電話催告の効果が、税金の場合と国保の場合とでは、大きく異なるのだと考えざるを得ない……。

課長が早朝出勤して電話催告

国保の場合も、電話の活用は、どこの市区町村でも担当職員一人当たりが抱える滞納者の人数が多いから、当然のこととしてやっているはずである。

だが、思ったように効果が挙がらないのはなぜか。国保の滞納者は、税金の滞納者のように収入レベルが高くないからだという基本的事情はさておいて、私は、滞納者に電話をかける、そのやり方に問題があるのではないかと思うのである。

私が保険年金課長をしていた当時の鎌倉市の場合も、保険料徴収係の六人が、一人で四百件から五百件もの滞納者を抱えていたから、文書による催告の次の手段としては、まず電話ということになる。

これだけの件数の滞納者を抱えていると、私が現場に出ろ、出ろと言っても、なかなか簡単に出られるものではないという現実もあったのである。だから、電話でも連絡が取れず、また連絡が取れても何だかんだと言って支払いに応じないと判明したようなケースについてだけ、直接に出向いて行くことにしていた。

したがって電話による催告は、現場に出る前段階の行動でもあるのだが、これも、単に役所的感覚で勤務時間中にだけ電話をしていたのでは、ほとんど効果はない。

本書の別の章でも、役所ペースの時間だけでは支払い催告の仕事は進まないとして、勤務時間外に電話をすることや、夜間徴収について述べたが、ここではさらに別の面から電話の仕方について書いてみよう。

たとえば私は、朝早く出勤して、市役所の始業前の時間に滞納者に電話をかけた。鎌倉市役所の始業時間は午前八時半だが、私は、管理職は部下の二倍は働く気構えでいなければならないと考えていたから、午前七時四十分には出勤していた。

しかし、職員たちに対しては、嫌味に思われないよう、自分は通勤バスの時間の都合で早く来ざるを得ないのだと、説明していた。

「この時間に来れるバスを逃して次のバスに乗ると、遅刻になってしまうんだよ」

と言って、早く出勤しては、皆が出てくるまでの数十分の間に、滞納者に電話をかけたのである。たいていはつかまらないが、それでも一日に一人か二人とは、話ができた。それによってかなりの滞納者とは、滞納分について分割で支払ってくれるよう話がついた。

だが、市役所の始業時間に入ると、以後は終業時間までの昼間は、電話をかけても滞納者はまずつかまらない。

だから、あとは夜間である。もっとも、夜の場合も、八時より前だとあまりつかまらない。しかし、市議会対策などで夜遅くまで居残ることがあるので、そういうときには十時ころとかもっと遅い時間にも電話をする。そうすると、つかまる率がかなり高まる。

私は課長時代に、七人の職員が担当していた滞納者のケースの中から、悪質と思われるものを百四十八件引き受けたが、それらについてこのように電話をして、一つずつ潰していった。

むろん、電話でつかまえても、「支払いをお願いします」「はい、分かりました」などとスムーズに承諾してくれた例など、一件もなかった。相当にハードなやり取りを重ねて、ようやく払ってもらえるように、話を持っていくのである。

ゴールデンウイーク早朝に電話急襲で口喧嘩

では早朝や夜遅くに電話をしてもつかまらない相手には、どうするか……。

無駄でも、電話をかけ続けるのである。留守電になっている電話には、保険年金課の小金丸まで連絡してほしいと、電話番号も伝えたメッセージを入れておく。家族が出た場合にも、同じメッセージを本人に伝えてくれるように頼んでおく。

メッセージを聞いた滞納者のほうから、電話がかかってくることは、まずない。

それでも電話をかけ続けるのである。一見、無駄に見える電話を、二度や三度でなく、十回以上もかけるのである。実績づくりをしておくのである。

この実績づくりには、ふだんの仕事の合間に、ちょっと五分とか十分程度でも空いた時間ができたら、電話をしてみることによっても、蓄積ができる。このようにして電話をかけた日時は、すべて滞納者台帳に記録しておく。

そして十回以上の実績ができたところで、日曜日の早朝や夜遅くに、改めて電話をするのである。

これは、つかまる確率が非常に高い。

私が無駄な電話をかけた回数実績の上に立って、休日の早朝や夜遅くにかけた電話のなかで、もっとも効果があったのは、ゴールデンウィークの初日と二日目に、午前六時からかけ始めたときであった。その二日間の電話で、みごとに十数人の滞納者をつかまえることができた。

そのかわり相手とは、最初から口喧嘩になった。

「休日の朝なんだぞ。こんな時間に電話してくるとは、なんて非常識なやつだっ」

「私だって、休日の朝から自宅で仕事なんかしたくないですよ。だけどあなたは、これまで私が十二回も伝言しても、一度も連絡をくれなかったじゃないですか。あなたと話をするには、こうして休日の朝にでも電話するしかないじゃないですか」

まずはこんなジャブから始まり、相手によって二十分くらいも激しい応酬が続いた。こちらには、言い分はいくらでもあるから、口喧嘩にも負けることはない。

そして相手には、滞納しているという基本的な弱味の上に、十回以上も電話メッセージをもらいながら、一度も連絡をしなかったという弱味が加わって、結局は白旗を揚げることになるのである。私が連休の朝に電話をかけた多くの滞納者は、最後には観念した様子になって、分納ということで納付に応じてくれた。

電話を終わった昼前には、私はぐったりと疲れていた。しかし、気分は高揚していた。いってみれば、尾籠《びろう》なたとえで恐縮だが、詰まりに詰まっていた便秘の固くて大きな宿便が、一気にほとばしり出たあとの、爽快感のようであった。

楽に挙げる六割弱と苦しんで挙げる八割弱の成果の違い

このような電話催告により、私が職員の担当する滞納者のケースから抽出して引き継いだ、悪質と思われる百四十八世帯のうち、電話が通じた六十世帯に対して、四十九世帯の納付を実現することができたのである。

これは率にすれば八一・六パーセントである。

国税庁による前記の電話催告が、どういうやり方のものだったかは分からないが、鎌倉市役所よりもはるかに多数であるはずの国税庁の担当職員でも、十二万人にも及ぶ滞納者に対しては、果たして滞納者一人当たりに何回電話をかけることができたのか。

私のように無駄電話十回以上という実績づくりなど、やらなかったのではなかろうか。その上に、国税庁では電話催告は初めて実施するものだったのである。それでもなお、六割近い成功率になったのである。

それに対して私は、一人で電話作戦に集中し、悪戦苦闘して無駄電話の回数を重ねて実績づくりをし、休日の早朝という非常識な時間にまで電話をして、たとえ相手が悪質と思われる滞納者であった点を高評価するにしても、ようやく八割強の成功率である。

電話催告においても、楽な国税と、困難な国保。その違いを、私は痛感した。しかし、催告の楽な国税にくらべて、どんなに国保の電話催告が苦しくても、私は電話をかけ続けなければならないと思った。

私はこのような体験から、電話催告をうまく活用すれば、滞納者を自分一人で四百人から五百人は担当できて、相当な納付率を挙げることができるという自信も得た。しかしそれは、役所ペースの仕事ぶりでは絶対に不可能であることもまた、事実であった。

南極探険レースに見るリーダーシップのありかた

（究極の滞納整理　Ⅳ）

極点到達レースの時代

国保担当職員の取り組み方を考え、次には実際の催告の仕方を電話催告を例として見てきたから、こんどは管理職の役割について見てみよう。

しかしここでは、私自身の体験と考え方を述べる前に、三冊の本について紹介したい。いずれも管理職のリーダーシップを考えるのに、とても参考になる本である。

第一は、日産自動車社長カルロス・ゴーン氏が語ったことをまとめた、『カルロス・ゴーン　経営を語る』（フィリップス・エリス著。日本経済新聞社。平成十五年）である。

この本には、ゴーン社長がいかに現場に出ることを重要と考えているかなど、リーダーとしての行動と考えについて、一般人にも非常に参考になることがたくさん書かれている。

この本は出版されて間もないので、現在も書店の店頭で簡単に入手できるので、まずは本を購入して、読んでいただければと思う。

そして、比較的入手しにくい他の二冊について述べてみる。

それは平成十年に出版されたA・ランシング著『エンデュアランス号漂流』（山本光伸訳。新潮社）と、昭和五十八年に出版された綱淵謙錠著『極《きょく》 白瀬中尉南極探検記』（上・下巻。新潮社）である。

これらの本は文庫本にもなっているが、書店の店頭では入手しにくい。むしろインターネットの古書店ネットワークを利用することによって容易に入手できると思う。

さて、この二冊は、どちらも南極探険を描いたノンフィクションである。しかし、本書の読者であれば、この二冊についてもうひとつ別の読み方をすることができると思う。前者は良いリーダーシップの典型として、後者は悪いリーダーシップの典型として。

以下は少し長くなるが、両書に基づいて、白瀬中尉とシャクルトンを初めとする南極探険家たちのリーダーシップについて見てみたい。

『エンデュアランス号漂流』の原本『エンデュアランス――シャクルトンの信じられない旅』は、一九五九年にアメリカで出版され、著者のランシングは米海軍出身の作家である。

日本語訳の『エンデュアランス号漂流』は、原本の題名からも分かるように、南極探険家アーネスト・ヘンリー・シャクルトンの三度目の南極探険を描いている。

シャクルトンは一八七四（明治七）年にアイルランドの中流家庭に生まれ、カレッジを卒業後に商船の乗組員となり、軍務にもついて海軍の予備士官に任官。

彼が南極探険に参加した最初は、一九〇一年から四年にかけて、英国のロバート・F・スコット予備役海軍中佐が隊長となって行なったディスカバリー号による南極探険に加わったときだった。

スコットは、のちにわが国にも広くその名を知られることになる著名な極地探険家で、シャクルトンより六歳年上だった。このとき海軍大尉シャクルトンは副隊長で、スコット隊長、医者のウィルソン博士とともにソリで南緯八二度三三分まで達し、当時の記録を作った。世界で初めて南極大陸の内陸部に足を踏み入れたのである。

シャクルトンは一九〇七（明治四十）年、三十三歳のときにみずから探険隊を組織して、二度目の南極探検に向かい、一九〇九年一月には南極点から至近の南緯八八度二三分（極点まで百七十九キロ地点）に達した。だが食糧不足のため、そこから引き返さざるを得なかった。

当時は、何カ国もの探険隊が、北極点と南極点の到達を目指した極地探険時代だった。

彼らは当初は北極点到達を目指したが、一九〇九年四月にアメリカのロバート・ピアリー海軍中佐が三回目の挑戦で北極点到達を成し遂げると、残るのは南極点だと、いっせいに南極に向かったのである。

その中でシャクルトンは、最初から南極だけに的を絞っていた珍しい存在だった。二度目の南極行きで、あとわずかで極点到達を果たせなかったシャクルトンは、三度目の南極行きを計画していた。

誤った温情でスコット隊は全滅

だが、その途中の一九一一（明治四十四）年十二月十七日に、先行してロス海を経て南極大陸に向かっていたノルウェーのアムンゼン隊が、南極点到達に成功してしまった。

落胆したシャクルトンは、そののちに南極大陸横断旅行に出発して、人類史上でも稀有《けう》な、困難を極めた長距離撤退で全員を救出することに成功する。その行程で発揮されたシャクルトンのリーダーシップに、私は心を打たれたのである。

しかし、紹介する順序として、それよりも先行して行われた、アムンゼン、スコットそして白瀬による南極探険レースに表れたリーダーシップの相違について、先に述べてみたい。

予備役海軍大佐ロアルド・アムンゼンは、当初は北極点到達を目指していた医者出身の探険家で、シャクルトンより四歳年上の、当時四十一歳だった。彼は北極航路を開いた先駆者として、すでに著名な探険家であった。

そしてアムンゼンが南極点に到達したときには、すでに彼に極点到達で先を越されたとも知らずに、英国のスコット隊が、同じロス海経由で南極点を目指していたのである。

このとき欧米社会は、南極点到達を成し遂げるのはスコット隊か、アムンゼン隊かと、かたずを呑んで見守っていた。スコットとアムンゼンは、世界が認めた好敵手であった。

スコット隊六十四名は前年六月に英国を出航、翌一一年の二月（南極では真夏）までに、南緯七九度地点までにいくつものデポ（物資貯蔵所）を作っておいてから、大佐に昇進していたスコット隊長以下二十五人が越冬。

一方、アムンゼン隊も、やはり前年の八月にノルウェーを出航、スコット隊と同じく翌一一年二月には、南緯八〇度地点からいくつものデポを設置した上で、アムンゼン隊長以下九人が越冬生活に入った。

そして春を迎え、極点への突進を開始したのは、アムンゼン隊が十月十九日で、スコット隊の十一月一日より十日あまり早かった。

この出発の早さと、スコット隊のコースには難所といわれるビアドモア氷河横断があったことのために、スコット隊は南極点到達がアムンゼン隊よりも一カ月も遅れたのである。

スコット隊がようやく極点にたどり着いたのは、すでに年が変わった一九一二年の一月十六日であった。極点にはアムンゼン隊の五人が残したソリの柄に、黒い旗がひるがえっていた。スコット隊は全員、落胆のあまり口もきけなかった。

しかも、アムンゼン隊が順調に帰還したのに対して、スコット隊は食糧不足と疲労と凍傷と悪天候のために、全員が次々と凍死するのである。

スコット隊は往路の途中で二度にわたり隊員を帰還させ、人数を減らして最後にはスコット隊長以下四人が最終突進隊となって極点に向かうはずだった。しかし、二度目に隊員を帰還させるとき、予定では四人を返すはずだったのに、スコットが温情から三人に変更した。

「一人でも多く、極点に連れていってやりたい」

この気持ちからスコットは、体力に優れた一人の水兵を帰還させずに同行させた。最終突進隊が四人から五人に増えたことが、やがて食糧不足の原因となった。失意の帰途をたどる中で、まず前記の水兵が凍傷にやられて倒れ、続いてまた一人が死んだ。残ったスコット隊長以下三人も、もっとも近い主要デポにあと二十キロの地点まで戻りながら、ついに力尽きて死を迎えるのである。

南極探険のような極限状況においては、リーダーの誤った温情が隊を全滅させる。

スコットの温情と、アムンゼンの冷静にして厳正な性格は、対照的であった。

アムンゼン隊は、越冬基地から極点までの往復距離三千四百五十五キロの氷の荒野を、九十九日間で踏破した。スコット隊の行程距離もこれに似るが、日数はスコット隊のほうが、基地出発から全滅までに約五カ月間、百五十日以上と、はるかに長い。そのように長大な極限状況の連続においては、リーダーの判断の正誤が、決定的な重要性を持つことが分かる。

白瀬は募金と小船で夢を実現

スコットとアムンゼンが極点を目指して進んでいるころ、まだロス海でうろうろしている第三の探険隊があった。日本の白瀬隊である。

白瀬隊はこのとき、ある種の、間の抜けた存在になっていた。それは隊長白瀬矗《のぶ》のリーダーシップの欠如から、そのとき隊内に内紛が生じていたことと、探険行動の不徹底とが、のちに識者のあいだに次第に知られるようになったからであった。つまり、そのときに白瀬隊が間の抜けた存在となっていたことは、後になってから知られるようになったことなのである。

本来なら、白瀬の南極探険はもっと日本人のあいだで高く評価され、その名も広く知られるべきはずであった。なぜなら、極点の南緯九〇度に迫る南緯八〇度圏を越えたのは、スコット、シャクルトン、アムンゼンに次いで白瀬が四人目であり、当時としては抜きん出た記録だったからである。英国のジェームス・クックの南太平洋探険によって南極大陸が発見された一七七五年以降、南極探険は二十二回にわたって行われたが、南緯八〇度の壁を破ったのは、前記のように白瀬以前にはわずかに三人しかいなかった。ましてや、当時の日本人としては、南緯八〇度突破は、破天荒ともいえる〝偉業〟であった。

ところが、探険隊の内紛や、スコット隊とアムンゼン隊の極点を目指す断固たる意志と周到な準備にくらべると、白瀬隊があまりにも未熟でアマチュア的であったと、次第に判明したことによって、白瀬の業績は、日本の識者のあいだでは評価されなくなってしまったのである。

白瀬矗は文久元（一八六一）年生まれだから、八〇度圏突破の四人のなかではもっとも年輩であり、アムンゼンが最初に南極点に達したこの年一九一一年には五十歳になっていた。彼は秋田県南部の寺の長男に生まれた。少年時代に通った塾の先生から西洋の探険家コロンブス、マゼラン、フランクリン（北極探険で死んだ一八世紀の英国軍人）などの話を聞かされ、将来は北極探険家になると決意した。

十九歳で陸軍の下士官養成学校を卒業、仙台鎮台（のちの第二師団）に輜《し》重《ちょう》兵伍長として配属された。そして特務曹長となっていた三十一歳時に、現役を退いて予備役に編入。以後は北極探険実現のために、さまざまな道をたどる。

その一つが、明治二十六（一八九三）年に郡司成忠海軍大尉（予備役）の千島探険に参加し、郡司の依頼で、千島列島最北端の島で、仲間五人とともに二年間を過ごしたことがある。これは仲間の三人が死亡した、厳しい試練だった。

彼は明治三十七年に始まった日露戦争に従軍し、翌年の講和後に陸軍中尉に昇進。

明治四十二（一九〇九）年春、前記のように米国ピアリー隊が北極点到達を成し遂げた。これに対して同年秋に英国地理学会が、わが国はスコット大佐が来年、南極探険に再度挑戦すると発表。

これを新聞で読んだ白瀬は、自分も目標を南極に変更した。なんとスコット大佐と南極点到達を競おうと決意したのである。時に四十九歳。

翌四十三年、白瀬は朝日新聞社などの協力を得て、民間から寄付を募り、政界を引退して早大総長となっていた伯爵大隅重信を会長とする南極探険後援会も発足した。集まった資金は寄付が七万一千円に、後援会による借金が一万円で、計八万一千円。現在なら八億円弱になろう。

そしてこの年六月にテラ・ノバ号で英国を出航したスコット隊の後を追って、十一月末、白瀬隊は開南丸で品川沖を出航した。盛大な見送りを受けて。

白瀬隊は探険隊員（陸上部）が白瀬隊長以下九名、開南丸の船員（海上部）が十八名で、計二十七名。カラフト犬二十九頭を伴っていた。

「開南丸」とは東郷平八郎海軍大将に命名を依頼した名前で、わずか二百四トンの小船であった。スコット隊のテラ・ノバ号七百五十トンの、三分の一以下の小ささである。アムンゼン隊のフラム号三百五十五トン（二十五馬力補助エンジン付き）にくらべても、大きく見劣りする。

開南丸は三本マストの帆船で、わずかに十八馬力の補助エンジンがついていた。探険に対する募金事業を引き受けていた朝日新聞社は、「こんな小さな船では共同責任を負えない」と言い、手を引いてしまった。

最初はロス海入り口で引き返す

白瀬隊の計画の甘さが、さらに分かる事実がある。

スコット隊もアムンゼン隊も、この年には南極点到達を目指すのではなく、この年はまず南極大陸に上陸だけして、物資を大量に揚陸し、翌年初めに来る南極の夏に多数のデポを設置しておいた上で、四月頃から始まる冬を陸上の基地で越す。そして、その年の暮れから始まる次の夏にようやく、基地から極点を目指すという、いわば遠大な計画であった。つまり二年がかりでやるのである。これはスコットもアムンゼンも、それまでの極地探険の経験から、多数のデポなしでは、ロス海の奥の上陸地点から千キロ以上に及ぶ極点までの行程は、踏破できないと、よく知っていたからであった。

ところが千島列島北端までしか知らない白瀬は、南極大陸も上陸さえしてしまえばなんとかなると、多数のデポ設置など及びもつかない貧弱な量の物資と装備で、南極に向かったのである。

これは、長年北極探険を志していた人間とは思えないほどの、研究不足を示していた。いくら海外の情報入手が難しかった明治時代末期だったとはいえ、探険家として、またリーダーとして、未熟だったということであろう。

大平洋を南下した開南丸は翌明治四十四（一九一一）年二月十一日、寄港地ニュージーランド北島ウェリントン港を出航、真っすぐに南下した。すでに南極では真夏に入っており、先行のスコット隊とアムンゼン隊は、南極大陸上で多数のデポ作りをその月に完了しようとしていた。

三月三日、開南丸は、それ以南は南極圏である南緯六六度三〇分を越えた。日本の船で南極圏に突入したのは開南丸が初めてだった。三月六日、初めて南極大陸を遠望。

「白皚々《がいがい》たる氷野、氷原、見渡せば雲の如く霞の如く、長《なご》う前望を遮ってゐる南大陸。あゝ我等が目的は是《これ》ぞ」

と、白瀬は帰国翌年に出版した著書『南極探険』で書いている。

三月九日、初めて海面に小さな氷盤（氷のカケラ）が一面に浮いている海域に入った。進むに連れて氷盤は大きくなり、ついには船腹が氷盤にこすられてメリメリと音をたてるようになった。翌日、氷盤はさらに大きくなった。わずか十八馬力のエンジンでは、氷を押しのけて進むこともできない。

結局、それからわずか四日後の三月十四日には、開南丸は反転し、オーストラリアのシドニーに向かうのである。反転地点は南緯七三度三八分のコールマン島沖。これはロス海の入り口にすぎない位置である。

南極大陸の地形は、南極点を挟んで正反対の両側から、大きく海が入り込んで、それぞれに巨大な逆V字形の湾を成している。その一方の湾がロス海であり、もう一方の湾がウェデル海である。

ロス海の入り口から、逆V字形のもっとも奥に向かうまでの距離の手前四分の一ほどのところを、南緯八〇度線が横断している。

この年に三つの探険隊がロス海に来たわけだが、白瀬隊だけは、ロス海の入り口に来ただけで、その八〇度線にも達しないで、引き返してしまったのである。

小さすぎる船と少ない物資という誤りだけでなく、北半球なら九月にあたる三月になってようやく南極圏に入るという、計画の誤りもまた、リーダーとしての未熟さを示していた。

白瀬はロス海の奥に入り込んで南緯七八度付近の地点から上陸し、基地の天幕小屋を作った後は一気に南極点に向かって突っ走ろうと考えていた。死に物狂いでやればなんとかなると思っていたのだから、現在なら考えられないような思考と計画の粗雑さであった。白瀬隊は突っ走るどころか、ロス海の入り口さえも突破できなかったのである。

すべてを「命令」で支配する隊長

開南丸は一路シドニーを目指して北上した。シドニーで約半年間待機して、南半球の次の夏を待とうというのである。

ところが、そのシドニーに向かう途中から、船内に次第に内紛の波が目立つようになってきた。すでに品川沖を出航後から形成されてきた陸上部と海上部とのあいだの対立的空気に加えて、白瀬隊長と隊員のあいだが、うまくいかなくなってきたのである。それまでは、南極に着くまでは、という緊張感と自制でなんとか押さえられていたものが、反転、半年間待機ということになって気持ちが緩み、一気に噴出したともいえるものだった。特に白瀬隊長と隊員とのあいだの不和は、隊長の性格が原因していた。この隊員間の不和や、隊長と隊員のあいだの軋轢《あつれき》については、『極　白瀬中尉南極探険記』の著者綱淵謙錠氏は、白瀬隊の書記長だった多田恵一が、南極からの帰還直後に出版した二冊の本、『南極探険私録』と『南極探険日記』の記述によって紹介している。

その綱淵氏の『極』からの孫引きになって恐縮だが、私も多田恵一の本から白瀬隊の内紛の状況を紹介してみよう。それは『南極探険日記』に書かれた四月二十四日、つまり開南丸がロス海入り口コールマン島沖から反転して九日後のことだが、その日の記述はこうである。

「近来隊長の万事に干渉することの激しいので、各隊員は皆怏々《おう》として楽しまぬ。短気にして遠慮を欠ける隊長は、往々一行の士気を沮喪《そそう》する様な事を仕出かすので困る。斯《かく》の如き単純な頭脳の人では、到底大事業に有終の美を収むることは六ヶ敷《むつかしき》事と思ふ。一両日前の訓示の如きも、徒《いたず》らに隊員の反感を買う計《ばか》りで、万事コセコセ的であるから、不成功に畢《おわ》ってしまふ。今少し寛大なる度量がほしい。予は遂に一通の切諫《せっかん》状を呈した。而《しか》し此人《このひと》に対しては、如何に苦慮しても画餅《がべい》に帰するのみである」

多田恵一は岡山県出身の青年で当時二十八歳。日露戦争に従軍して凱旋した後、どうせ拾った命だから何か痛快な事業に身を投じて国利民福に尽したいと思っていたところへ、白瀬中尉の南極探険の計画を新聞で読み、馳せ参じたのである。

当初は白瀬と多田は意気投合し、白瀬は多田を探険隊の書記長に任命した。しかし、多田が白瀬と一緒に仕事をしてみると、白瀬は実務能力には欠けるくせに、やたらに細かいことに干渉する。たとえば多田が寝袋は南極では必需品だと考えて、製造を発注すると、白瀬は怒った。隊長の自分に無断で発注するのは越権行為であり、千島の体験から、寝袋などいらない、と言うのである。

また白瀬は命令好きで、なにかといえばこれは命令であるとして、ものを言う。探険隊が正式に発足してからは、「命令第○○号」などと順番を付けて発令する。その「命令」はすでに南極に着くまでに五十号を越えていた。陸上部と海上部を合わせてもわずか二十六人しかいない部下を、つねに「命令」で支配しようとするところに、白瀬の人間組織というものに対する根本的な考えかたが表れていたといえよう。

多田は若くて正義感の強い男だったから、反転してシドニーに向かう航行の途中で、ついに白瀬に対して「切諫状」を書いて提出したというのが、前記四月二十四日の日記の記述の主旨だった。

多田は『南極探険私録』のほうでも、こう書いている。

「嘗《かつ》て軍隊に在《あ》った白瀬氏は、其《その》習慣と見えて命令を乱発することを好む癖がある。法律多くして国乱るとか。隊員の一挙手一投足にも始終干渉を試みることの好きな白瀬氏の為め、部下の不平不満は始終破裂しては、隊長対隊員間の調和が面白くない。予は此間《この》に在って始終油となって、両者の間を円滑ならしめんことに力《つと》めた。自然白瀬氏に向かって苦言を呈し、諫《いさ》めることがある。良薬は口に苦く、諫言《かんげん》は耳に煩《うる》さい。左《さ》もなくても好感情を持たれぬ予が諫言だては到底《とうてい》先生の肺腑《はいふ》を貫くことは出来ぬ」

つまり、たびたび忠告する多田恵一は、もはや日本を発ったときから白瀬には煙たい存在となりつつあったのである。隊員の白瀬に対する不満については、隊員側をなだめ、その一方で白瀬に対しては、忠告を繰り返した多田は、やがて彼自身が白瀬から疎《うと》んじられるようになった。そして白瀬と多田の軋轢が、白瀬隊の内紛の中でも大きな目玉になっていくのである。

隊員が船長と運転士の解雇を求める

開南丸がシドニーに着いたのは五月一日。白瀬隊はシドニーの日本人商社員から、すでにスコット隊とアムンゼン隊が南極大陸の上で越冬中であることを聞き、ショックを受けた。だが、その辺もまた遅まきな感じである。

白瀬隊はシドニー郊外に借りた土地に簡単な宿舎を建て、半年間の待機生活に入った。そのような無為のときこそ、リーダーの手腕が問われるのだが、白瀬はここでも統率の不手際を見せる。

それは五月十三日に起きた、船長野村直吉と一等運転士（航海士）丹野善作に対して、他の隊員たちが起こした排斥事件であった。『南極探険日記』のその日のページに多田は書いている。

「此夕、ダブル・ベイ（シドニー港の一部）に本船の帰還したとき、船長が我隊員に対して大《おお》いに薄情的行動を取ったので、隊員は大に憤《ふん》怒《ぬ》して、日頃船長及丹野運転士の不仁《ふじん》に圧迫されたのが、一時に勃発して、遂に隊員は聯合《れんごう》して船長及丹野の排斥を求めることになった」（カッコ内は著者）

多田は野村船長の「薄情的行為」が何であったかは記していないが（日記の原本には書いてあっても出版では遠慮して削除したのだろう）、続いて述べている。

「是《こ》れ一つは船長及丹野の不仁にもよるが、一つは隊長の指導其《その》当を得ず、稍《やや》もすれば、いつも弱者たる我々に、隊長からして同情せぬので起こったのである。これ抑《そもそも》、予が一先ず本国に帰ること、なった原因である」

野村船長とともに排斥の対象になった丹野一等運転士は、長くアメリカの船に乗っていたせいか強い性格の個人主義者で、わがままな振る舞いが多かった。それなのに、「これを野村船長がよく制しきらぬ。白瀬氏もまた制し能《あた》わぬ」（『南極探検私録』）ために、丹野に対する隊員の憤《ふん》懣《まん》も爆発したということであった。

この事件の直前に白瀬は、日本の南極探検後援会に対して、反転・待機のいきさつを説明するためと、再度の南極行きに対する資金・物資援助を要請するために、野村船長を帰国させることにしていた。

ところが野村と丹野に対する隊員の排斥事件が起き、多田は隊員たちの要請を受けて、野村と丹野の解雇を後援会に訴える役目を引き受けたため、野村と一緒にシドニーから客船で帰国することになったのである。

白瀬は隊長としてリーダーシップを発揮するどころか、奇々怪々というほかない。丹野を統制できない白瀬も白瀬だが、多田恵一も、野村と丹野の解雇を求めるのなら、それはまず白瀬に対してでなければならないはずである。だが、前記の多田の著書二冊における記述でも分かるように、もはや多田が白瀬にそのようなことを話せる状態ではないほど、二人の間柄は悪化していたということであろう。

それにしても、船長と一等運転士の解雇を後援会に訴えるためだという多田の帰国を、そのまま許した白瀬の意図も分からない。白瀬としては、うるさい多田が帰国していなくなることを望んだのだろうか。これもまたリーダーとしては不可解な措置である。

白瀬毒殺未遂事件と多田書記長の降格

多田書記長と野村船長は、シドニーから日本郵船の客船日光丸（約六千トン）に乗り、呉越同舟で六月中旬に帰国した。後援会も世論も、「南緯七四度突破」を成功と認めて、二人はあちこちで大歓迎された。

しかし、会長大隅重信が主導した後援会の幹事会は、多田が説明し、訴えた野村と丹野の解雇は、否決した。大隅に信服している多田は、この決定を受け入れざるを得なかった。

資金のほうは、新たに七万円を募金などで集めることを後援会が決め、野村は九月にシドニーに向かった。補充のカラフト犬や物資の購入により遅れた多田は、一カ月後の十月、シドニーに戻る船に乗ろうとした。そこへ、白瀬がシドニーから多田宛てに打電した電報が届いた。その内容は、多田を罷免するからシドニー行きの船に乗船するな、というものであった。

多田は憤然として電報を無視し、日本郵船の熊野丸で十一月十五日にシドニー入港。

その時点では、すでに南極点を目指して出発していたアムンゼン隊は南緯八五度に達していたし、スコット隊も、南緯七九度に設置してあった主要デポに達していた。白瀬隊はむろん、そんなことは知らない。

それどころか、多田の留守中の白瀬隊では、驚くべき事件が起きていた。白瀬隊長が、不満の高まった隊員から毒殺されそうになったのである。これは白瀬が騒ぎ立てずに極秘に処理したので、多田も後年まで知らなかったらしく、彼の二冊の本にも書かれてはいない。

しかし、第二次大戦後になって、白瀬自身や彼の遺族が、一部のマスコミの取材に対して、この毒殺未遂事件を漏らしている。そのわずかな資料から、『極』の著者綱淵謙錠氏は、白瀬の毒殺を図ったのは、料理担当のM（綱淵氏は実名を書いている）であると推理している。多田の日本滞在中に白瀬が、病気でもないMを、病気だと称して帰国させたことについて、白瀬が事件を極秘のうちに処理するためだったろうと、綱淵氏は書いている。

もはや白瀬はリーダーシップどころではない状況なのだが、それでも開南丸は、再び南極へ向かうのである。

シドニーに戻って帰隊した多田は、隊の幹部会で白瀬から隊を脱退せよと迫られるが、シドニー日本人会の取りなしで脱退は免れた。その代わりに、書記長の肩書きを奪われてヒラの隊員に落とされ、幹部用の船室も追い出された。それでも彼は、この探険隊の最後までを記録するのが、募金に応じてくれた国民に対する義務であるとして、日記を書き続ける。

一方、丹野一等運転士は、自分が第二次探険に同行すれば隊員の怒りが爆発し、何をされるか分からないと判断して、自発的に隊を脱退し、開南丸から退船していた。

開南丸は十一月十九日、ちょうど一年前に品川沖から出航したのと同じ日に、シドニーからふたたび南極に向かった。白瀬はもはや、南極点到達レースではアムンゼン隊とスコット隊に及ばないとあきらめて、目的を学術探険に切り替えていた。

十二月十一日、初めて氷山を見た日に、白瀬は「命令第八十三号」を発し、突進隊と沿岸隊という二隊の上陸隊を編成することと、その二隊の探険目的を発表した。

突進隊は、白瀬以下、武田輝太郎学術部長（元第五高等学校助手で気象と地質学専攻。三十五歳）、

三井所《みいしょ》清造衛生部長（医務担当。鉱物学も専攻）、そして二人の犬係とカラフト犬の全部（三十頭）である。

突進隊の任務は、ロス海に進入して南緯七八度付近で上陸、キングエドワード七世ランド（ロス海の東岸）とその奥のビクトリアランドを調査し、日章旗を立てるなどして日本探険隊の痕跡を残し、二月二十二日までに上陸根拠地に引き揚げることであった。

沿岸隊のほうは、他の学術部員一人や活動写真撮影技師などに、多田恵一らも加わって計七人。犬がおらず、人間がソリを引く沿岸隊の任務は、突進隊と同じ地点に上陸し、一週間調査する。その後、開南丸に戻ってキングエドワード七世ランド以東に再上陸し、沿岸部を調査する、というものであった。

そんなことを決めていた開南丸が、まだ上陸地点にも達しない十二月十七日に、アムンゼン隊の五人はすでに南極点到達を果たしていたのである。それは医学を学んだアムンゼンが、約百五十頭もの犬を用意するなど、すべてを科学的で綿密な計算によって周到に準備した結果であった。

行進わずか八日間で反転した地点が「大和雪原《ゆきはら》」

翌明治四十五（一九一二）年一月十六日、開南丸は上陸地点に予定していたロス海のわずかな奥の鯨湾に、ようやく達した。ロス海は、開南丸がその入口に九カ月前に来たときよりも氷盤が少なく、割合容易に南緯八〇度線の手前までは進入できたのである。とはいっても、前方に見える岸には一片の土も露出しておらず、すべてが氷の堤、氷の原、氷の山であった。それらの厚い氷の下も、まだ陸ではなく、海なのである。

その鯨湾に一週間前から停泊していたのは、アルゼンチンのドックでの修理と休養を終えて、いまやアムンゼン隊の帰還を待つために、ふたたびやってきていたフラム号であった。

当初はアムンゼン隊やスコット隊と同じく、南極点到達を目指していたはずの白瀬隊が、いまごろになってノコノコと、アムンゼン隊が一年前に上陸し、いまは極点到達を成し遂げて戻ってこようとしている鯨湾に、やってきたところに、いかに間が抜けた存在となっていたかが表れていた。せめて、アムンゼンが意気揚々と鯨湾に帰還したところに行き合わせることにならなかったのが、いまから考えると救いであった。

翌一月十七日、開南丸とフラム号は、幹部がお互いの船を表敬訪問し合った。フラム号を見てきた野村船長は、その船の装備をうらやましがり、開南丸を訪れたフラム号の幹部は、こんな小さな船でよくやってきたものと感嘆した。

それから二日間で白瀬隊は物資を揚陸したが、命令第八十三号で予定されていた沿岸隊による期間一週間の調査は、なされなかった。フラム号を見て、アムンゼン隊が多くのデポ設置によって極点到達をすでに成し遂げたかもしれないと知った白瀬は、もはや、やる気を失ったのかもしれない。

彼は以後の行程を、すべて大幅に短縮するのである。一月十九日、開南丸は突進隊の五名と根拠地小屋（南緯七八度）に留守番の観測隊員二名を残して、鯨湾を去った。この日は、失意のスコット隊五人が極点から、やがて全滅に至る帰途に就いた日でもあった。

翌一月二十日から白瀬隊の突進隊は南下の行進を開始したが、わずか八日で反転する。一月二十六日「食糧が乏しくなってきた」という三井所衛生部長の言葉に、白瀬が同意して、「あと二日だけ進んで、反転しよう」と決定したのである。

命令第八十三号では、突進隊は往復で一カ月を予定していた。まだ開南丸船上にあってその命令を出したときには、白瀬は、学術探険に切り替えたとはいっても、あわよくば極点到達が実現できるかもしれないと考えて、隊の名称も「突進隊」と名づけていたのである。それがいまや「突進」どころか、わずか八日間、計二百七十六キロを進んだだけで、引き返すのである。

この地点は、南緯八〇度五分、西経一五六度三七分であった。そこから南極点までは、あと千百キロもある地点である。アムンゼン隊が第一デポを作った南緯八〇度から、わずか九キロほど南であるにすぎなかった。

そのアムンゼン隊はすでに、白瀬突進隊が進んでいる途中で、彼らと、離れた位置においてではあったが、すれ違っており、一月二十五日には鯨湾岸の根拠地に無事帰還していたのである。アムンゼンから見れば、白瀬突進隊の到達した地点（反転地点）は、まだ南極大陸の入り口にすぎなかった。

白瀬突進隊は反転地点の氷を掘って、募金寄付者約一万名の署名簿を銅製の箱に入れて埋め、その上に竹ざおを立てて日章旗をひるがえした。その日章旗の下に五人が整列し、白瀬が式辞を述べたあと、記念写真を撮影。そして休憩ののちに帰途についたのである。

このとき白瀬は、この地点からの視認圏内の地域を、「大和雪原《ゆきはら》」と名づけたという。

白瀬は帰国翌年に出版した『南極探検』の中で書いている。

「嗚呼《ああ》大和雪原よ。今より以後、千歳、万歳、地球の存続せん限り、永遠にわが国の領土として栄えよ」

いかにも苦心惨憺《さんたん》の前進の結果、ようやく到達した地点であるかのような感激ぶりで白瀬は書いているのだが、それは読者をごまかすためだったとしか思われない。

それを裏書きするかのように、のち第二次大戦後に、この地点は陸でなく、二百メートルの厚さの氷の下は、海、すなわちまだロス海であることが、判明するのである。白瀬がそのことを知らずに死んだのは、幸福だったといえよう。

探検隊長前代未聞の非常識　離脱帰国

一方、開南丸でキングエドワード七世ランド以東を目指した沿岸隊は、一月二十三日にビスコー湾から上陸した。だが、こちらも三日間南進しただけで、「前進困難」と、「船の飲料水や石炭が減った」ことを理由に、反転・帰船させられた。沿岸隊のほうも早く調査を終えるようにすることを、白瀬隊長と野村船長が一月十九日に鯨湾で別れるときに内密に決めていたのである。

開南丸が鯨湾に戻り、白瀬の突進隊と観測隊を収容して出航したのは、二月四日。つまり白瀬隊が、探険とか調査とかいえるほど鯨湾周辺に滞在していたのは、たったの十八日間にすぎなかった。荷物の揚陸や、帰途の隊員収容に要した四日間を差し引けば、わずか二週間でしかない。スコット隊やアムンゼン隊からみれば、これでは子供の遊びのようなものだろう。しかも、鯨湾を離れるとき、天候が急に悪化したからと、二十一頭のカラフト犬を置き去りにして出航したのである。

多田恵一は『南極探険日記』で、自分たちは食糧もまだ多量にあり、探険可能期間もまだ相当にあったから、これで帰国するのでは最初の目的の十分の一も果たしておらず、うしろめたいと記している。「若し予《も》をして此統率者たらしめば」、二カ月は探検して前人未到の地域に突進し、場合によっては越冬をも敢行するとも述べている。

多田だけではなく、同じ思いを多くの隊員が抱いた。白瀬自身がなにかにつけて「成功、成功」というのが、よけいに隊員の神経をいらだたせた。命令、命令で強圧的に支配する日頃の白瀬のやりかたに対しても、探険ではすごいことをやる人だからと思って我慢していた隊員たちが、彼の現実の消極的な行動を見て、不穏な空気になってきたのである。

それに対して、三月二十日のニュージーランドウェリントン入港後に白瀬がとった行動がまた、探険家としては前代未聞の非常識なものであった。

白瀬の同調者である武田学術部長など数人を連れて、白瀬自身はウェリントンから客船で、開南丸よりも一足先に帰国するというのである。探険隊長が苦労を共にした探険船を捨てて、大多数の隊員よりも先に客船で帰国するとは、極端に言えば人間性も疑われるようなことである。

いつもは些細な命令を出すときでもみずからが発表するのに、三月二十八日にこの命令を出したときには三井所衛生部長が発表を代行し、白瀬は顔を見せなかった。隊員たちは、「こんな重大発表になぜ隊長自身が顔を見せないのか」と怒った。

翌日の朝食後、隊員一同が隊長室に押しかけ、「隊長の帰国に全員反対です」と「苦諫血諫《くかんけっかん》」（多田『南極探検日記』）を行なったが、白瀬は聞かなかった。白瀬の離脱帰国の意図は、隊員の不穏な空気から逃れるためだけではなく、開南丸よりも先に帰国して、探険は成功したと、あらかじめ宣伝しておくことにあったと思われる。

白瀬と武田ら四人は、病気の隊員二人を伴って三月三十日、外国の客船でウェリントンを発った。白瀬は一等船室で、武田ら三人が二等。そして病気の隊員二人は三等船室にしたことが、残った隊員たちをまた激怒させた。

多田はついに白瀬隊の内紛を率直に書いた二通の手紙を、日本の後援会と、ある「同情者」に送った。

五月十二日、白瀬らは長崎に入港、大変な歓迎を受けた。ところが翌十三日、当時の一流新聞だった時事新報が、多田の手紙を報道したのである。

そこには、「隊長は更に探険事業に対して全然誠意なき事」「自分らは健康な身にて一等や二等に悠々と乗り込みし事」などと、赤裸々に白瀬を批判した手紙が、全文にわたって紹介されていた。白瀬と武田らは、この報道に対して何の反論もしなかった。というよりは、反論できなかったのであろう。

開南丸は六月二十日、東京の芝浦に入港した。後援会をはじめ、一般市民も多数押しかけて盛大な出迎えになった。だが、その中には、あるべき白瀬の姿はなかった。

綱淵謙錠氏の『極』は、白瀬の生い立ちや千島探険参加なども詳しく描いた長編であり、私がこのように書いてきたほどには厳しく白瀬を批判しているわけではない。だが、その『極』の中から、リーダーとしてのありかたを見る箇所に絞って紹介していくと、このように厳しいものになってしまうのである。

日本人にも優れたリーダーシップを発揮した人間はたくさんいた。しかし、国際的な南極探険レースに参加した、たった一人の日本人探険家が、たまたま白瀬のようなリーダーシップに欠けた人物だったというのは、国民として不運だったということなのかもしれない。

しかし、実際に南極の現地に着くまでの、白瀬の探険スピリットと執念は、それまでの日本人にはなかったもので、大いに称揚されなければならない。だからこそ、南極地図にも国際的に「大和雪原」の名が残されている。また、わが国では白瀬は切手にもなったし、一九八二年に建造された三代目の南極観測船（約一万二千トン）は、「しらせ」と命名されたのである。

シャクルトンの不屈のリーダーシップ

（究極の滞納整理　V）

俗人でも「偉大な指導者」になれる

国保業務の管理職のリーダーシップを考えるのに、南極探険家の話まで持ち出すのは、あるいは大げさだと思われるかもしれない。

しかし、リーダーシップの話というものは面白いことに、どんな偉大な歴史上の人物のそれであれ、また逆にどんな無名の人物の、いわば平凡なレベルのそれであれ、あるいは子供仲間におけるそれでさえも、みな普通の人の（ということは一般の読者の）参考になるという特性を持っている。リーダーシップの話は、いわば汎用性があるということであろう。

だから、というわけでもないが、本書の読者にも、いましばらく耳を、いや目を貸していただければ幸いである。

『エンデュアランス号漂流』の著者ランシングは、同書の冒頭に近いところで、シャクルトンの部下だった男の言葉を紹介している。その部下はシャクルトンを、「この世に生を受けた最も偉大な指導者」だと表現した。

さらに、シャクルトンには盲目的なところをはじめいくつかの欠点があったが、そんなことを打ち消すだけの指導力があったと言って、次のように続けた。

「科学的な指導力ならスコット、素早く能率的に旅することにかけてはアムンゼンが、抜きん出ている。だが、もしあなたが絶望的な状況にあってなんら解決策が見いだせないときには、ひざまずいてシャクルトンに祈るがいい」

この世に生を受けた最も偉大な指導者——などとは、西洋人流の大げさな表現だと思われるかもしれない。

だが、絶望そのものの状況で、絶対に助かることはないと思っていたところを、シャクルトンの超人的な働きで帰還できた者にとっては、そんな命の恩人はまさに「最も偉大な指導者」だと、本気で思うものなのだろう。

シャクルトンはたしかに「偉大な指導者」だが、特別に人格高潔とか、いわゆる立派な人、というイメージの人物ではない。俗っぽくいえば、名誉も財産もほしかったことは、普通の人間と同じである。

彼は裕福な医者の息子に生まれたという中産階級の出身だが、さらに富裕な弁護士の娘と結婚した。妻を愛する彼は、妻の生活レベルを落とすまいとして、さまざまな事業を計画し、その多くは実現までに至らずに失敗し、実現したものも全部失敗している。

世間的に見ればこのような人物は、変わり者というか、あるいは異端者のように思われる存在だろう。

ところがそういう人物が、というよりも、そういう人物でさえも、類例のないほどの危機的な状況において、感動的なほどのリーダーシップを発揮することができるというところに、人間の面白さ、奥深さが表れているのである。

シャクルトンはすでに二度目の南極探険によって、祖国の英雄になっていた。前章でもちょっと触れたように、その探険で南極点まであとわずか百七十九キロにまで迫ったという業績により、帰国後の彼は国王からナイトの称号を受け、各国からの叙勲も相次いだ。

彼は自分の二度目の南極探険のあと、スコットとアムンゼンが南極点を目指したとき、二人のどちらかによって極点到達は達成されてしまうだろうと予想した。だから自分が計画する三度目の南極探険では、別のテーマを考えなければならないと思った。そして練り上げたのが、南極大陸横断旅行であった。

南極点を挟んだ両側（東西）から、大きく海が陸地に入り込んだ形になっているのが、南極大陸である。陸地に大きく入り込んだその一方の海であるウェデル海（西側）から上陸し、反対側のロス海（東側）に出ようというのが、シャクルトンの南極大陸横断計画であった。

つまり、風船が真中を糸で縛られて細くなっているような形の部分を、横断しようというのだから、南極大陸の横断では最短距離のコースになる。それでも約三千キロという長距離だから、いかに大事業であるかが分かる。

シャクルトンは資金集めに奔走して二十万ドル近くを集めた。そのうちの五万ドルは政府からの、五千ドルは王立地理学会からの援助であった（『エンデュアランス号漂流』の著者ランシングは米国人で、同書も米国で出版されたので、金額はドル表記している）。探険隊の正式名称は大英帝国南極横断探険隊であった。

早業の即決で採用した隊員も信服させる

探険隊の人数は、シャクルトンのほかには二十七人。そのうちの数人の幹部は、過去の南極探険において彼の部下だった男など、気ごころが知れた者たちだった。しかしそれ以外は、新聞に出た彼の探険計画を読んで、参加を希望してきた中から選んだ者たちであった。

参加希望者は五千人も集まった。その面接と決定を、シャクルトンは早業で行なった。『エンデュアランス号漂流』でランシングは書いている。

「若手乗組員の選抜については、シャクルトンは気まぐれと言われても仕方がないような方法をとった。見た目が気に入れば、即採用だった。第一印象ですべてが決められた。しかもこの決定は、稲妻のような早さで行われた」

探険隊員の多くを探険参加希望者から選んだというのは、白瀬中尉の場合も同じだった。つまり、白瀬もシャクルトンも、自分が納得して選んだ人間を連れて、探険に出発したのである。それなのに白瀬のほうは、彼らからほとんど信頼されず、部下から何度も忠告を受けたり、毒殺されそうにまでなったりした。最後には、彼らが乗っている開南丸から逃げ出すありさまだった。

それに対してシャクルトンのほうは、白瀬よりも何十倍、いや何百倍もの困難極まる状況において、完全に全隊員を信服させ、死中から生へと導き、助かった部下から「この世で生を受けた最も偉大な指導者」とまでいわれた。

この違いは何なのだろうか。しかも、白瀬隊とシャクルトン隊の人数は、隊長を含めて白瀬隊二十七人、シャクルトン隊二十八人と、偶然にも一人しかちがわない。

白瀬中尉が探険参加希望者の面接と採用決定にどれだけ時間をかけたかは分からないが、シャクルトンのほうは、「稲妻のような早さで」面接して決定したはずの若手乗組員も、完全に信服させていた。ということは、シャクルトンは人を見る目も優れていたということだろう。事実、彼の、隊員を見る目のたしかさには、後述のように驚かされるほどのものがあった。

隊員に関しては、シャクルトン隊には他に別働隊もあった。ウェデル海側から南極大陸を横断して来るシャクルトンたち横断隊（予定では六人）を出迎えるために、事前に船でロス海側に来て上陸し、あらかじめデポを設置しておくことを任務とする隊である。

だからシャクルトンは、この探険では二隻の船を用意した。彼が二十七人の部下を率いて乗る船は、ノルウェーで建造中だった新船を購入して命名した「エンデュアランス号」であった。

「エンデュアランス」とは英語で「忍耐」という意味だが、船の名としてつける場合には「不屈の精神」といった意味になるのだろう。もともとシャクルトン家には、「不屈の精神で勝利する」という先祖伝来の家訓があったそうだから、シャクルトンはその家訓から命名したのだろう。

七百五十トンの帆船エンデュアランス号には、蒸気で三百五十馬力を出す補助エンジンも付いていた。この船の購入をはじめとする探険の準備に、シャクルトンは四年をかけた。

アムンゼンが南極点到達を果たしてから約二年八カ月後になる一九一四年八月一日、エンデュアランス号はロンドンのテームズ河から出航した。

その四日前には、オーストリア・ハンガリー帝国がセルビアに宣戦布告し、第一次世界大戦が始まっていた。続いてドイツも、フランスに宣戦布告。そして八月四日には英国も、ドイツに宣戦布告。

シャクルトンも、予備役ではあるが海軍大尉である。出航はしたものの、戦争勃発で探険を続行すべきか否かに迷った彼は、プリマス港にとどまって、海軍大臣ウインストン・チャーチルに打電し、探険を実行すべきかどうかを問うた。

チャーチルからの返電はただ一言、「決行せよ」であった。続いてチャーチルから第二電が届いたが、それは「政府は探険の続行を望む」というものであった。

探険失敗なのに「サー」に叙任されたワケ

だが、こと探険について言えば、シャクルトン隊は南極大陸に上陸することさえできずに、いわば最初から失敗するのである。

しかし、以後のシャクルトン隊の長大な難行苦業が、南極大陸上の三千キロ踏破よりもはるかに困難なものだったことを知る欧米社会では、シャクルトンのみごとなリーダーシップを称《たた》えて、彼をさらなる英雄として迎えるのである。

シャクルトンは横断旅行そのものには失敗したから、情報不足のために表面的な業績でしか評価できなかった当時の日本人のあいだでは、彼はほとんど知られなかった。現在でもそうだろう。

しかし欧米社会ではシャクルトンを、アムンゼンやスコットと並ぶ、あるいは彼ら以上の英雄として、当時だけではなく現在も、高く評価している。

英国王ジョージ五世もシャクルトンの帰国後に、「サー」の称号を与えた。失敗したのに「サー」になったところに、シャクルトンのすごさが表れているともいえよう。国王が、探険に失敗したシャクルトンを敢えて「サー」にしたということは、その失敗以後のシャクルトンの困難克服が、探険に成功した場合以上の稀有《けう》のものだったと、認識し評価していたということであろう。

シャクルトンの上陸失敗は、直接には季節外れの悪天候のせいであった。アルゼンチンから南下したエンデュアランス号は十一月四日、ウェデル海とほぼ正面に向き合う位置にあるサウスジョージア島に入港した。ウェデル海とほぼ正対するとはいっても、この島はウェデル海の入口からでも約千キロも離れていた。しかし英国領で、捕鯨船の最南端の基地であり、そこではウェデル海の気象や氷の状況を聞くことができる。

サウスジョージア島に入港していた捕鯨船の船長たちからシャクルトンは、「今年のウェデル海の氷は最悪だ」と聞いた。例年、ウェデル海の外にまで張り出している流氷が、今年はさらに広範囲な外側へと広がっているという。シャクルトンは一カ月待ったのち、十二月五日に出港した。

南極ではこれから盛夏を迎える時期であった。

シャクルトンは、流氷が多いウェデル海の正面に向かうのではなく、北東側回りでウェデル海に入り、その東岸にある上陸予定地バーゼル湾に入ろうと考えていた。ところが早くも出港二日後に流氷帯にぶつかり、以後も流氷帯は増えるばかりであった。

そしてウェデル海の北東岸に近づいた翌一九一五年一月初めには、完全に氷に閉じ込められた。その流氷帯は風に押され、ウェデル海の湾岸に沿って、東回りでゆっくりと北西に流れていくのである。一日に数キロの速度だった。そのためにエンデュアランス号は、二月の下旬には上陸目的地バーゼル湾の、約百キロ沖まで来たが、上陸することができない。

ソリを引かせるためのハスキー犬六十九頭も連れて来ていたが、氷原は無数の割れ目と起伏によって構成されているから、犬ゾリ隊を編成しても、危険で走らせられないのである。エンデュアランス号は氷に閉じ込められたままで、漂流するほかなかった。

この時点で早くも、南極大陸横断は不可能になったといえた。予定どおり十二月中にバーゼル湾に上陸していなければ、多くのデポを設置することができず、大陸横断旅行は不可能なのである。

しかしシャクルトンは、自分の失望を隊員に悟られないために、そのことは口に出さなかった。快活な態度で、やがて三月に入ると冬に向かうからと、越冬の準備を指揮した。

だが、それはもはや探険どころではなく、いかにして助かって文明社会に戻れるかが、いまや最大の目標になったことも示していた。

真のリーダーの〝見えない壁〟

シャクルトンの探険計画が、もはや失敗に終わったことは明らかなのに、出発以来急速に高まっていた彼への隊員たちの信頼は、少しも揺るがなかった。彼は隊員たちから尊敬と半ばの親愛を込めて、「ボス」と呼ばれていたが、その呼びかたは、彼の容貌《ようぼう》や行動にぴったりと合っていた。シャクルトンは、現在の映画俳優でいえばジーン・ハックマンの若いころに似た顔で、背は中くらいだったが、決断力と一本気な意志の強さが、広い肩幅に表れていた。強靱な肉体には自信が満ちていた。

と同時に、たとえ彼と親しい幹部隊員が、彼とどんなにへだてなく談笑しているようなときでも、彼には相手が絶対にそれから先へは入れないような、見えない壁があった。それを『エンデュアランス号漂流』の著者ランシングは、「精神的なよそよそしさ」と表現している。それは、この集団について自分が全責任を負っていることを常に意識している者だけに、自然に生まれるものであった。

シャクルトン自身は、隊員たちと親しく交わろうとして、食事でも服装でも、すべて他の隊員たちと同じように自分を扱うことにさせていた。下働きの仕事もやってみせた。部下にブリッジを教えて、共に楽しんでもいた。白瀬中尉のように、客船に乗るのに自分は一等船室におさまり、病気の部下を三等船室に押し込めるようなことは、シャクルトンには考えられもしないことであったろう。

だがシャクルトンがどんなに努力しても、隊員たちは「ボス」に見えない壁を感じるのだった。

それが真のボス、真のリーダーというものかもしれなかった。

だからこそ、シャクルトン隊では白瀬隊のような陸上部対海上部といった対立や、幹部とヒラ隊員の間の不信といったことが、まったくなかったのかもしれない。シャクルトン隊では対立や不信とは逆に、さまざまな社会階層から集まった隊員たちが、氷に閉じ込められて生活を共にすることによって、よりいっそう親しくなったのである。

小さな不和はあったが、その場その場の個人間のもので、組織的な不和などまったく見られなかった。個人間の不和でも、高じるとシャクルトンが呼んで、説教する。それで以後はぴたりとおさまった。

問題隊員には近づいて取り込む

四月から南極は冬に入る。気温がぐんと下がり、氷はいっそう厚く、固くなる。七月下旬からエンデュアランス号に対する氷の攻撃が始まった。氷が船腹を圧迫して、壊し始めたのである。破壊の度合いはだんだん進んで、ついに十月二十七日、エンデュアランス号は大きく壊れ、浸水も耐えられない量になった。シャクルトン隊は船を捨てなければならなくなった。

その時点でのエンデュアランス号の位置は、もはやウェデル海の西岸沖にまで来ていた。南緯六九度である。

氷に閉じ込められた当初のエンデュアランス号は、鈍い角度のV字形を成すウェデル海の陸岸の、東岸の東北端の沖にいた。それが、流氷帯が風に流されるのに伴って、東岸に沿って西南に下った。下りきって、六月にウェデル海の最奥部の沖に達してからは、こんどは西岸のパーマー半島に沿って、北西に上がって行くという流されかたになった。そしていまや、細長く北に向かって伸びているパーマー半島の、中ほどの沖にまで来たところだったのである。

エンデュアランス号を失ったシャクルトンは、これから、パーマー半島の先端にあるボーレ島へ向かうと発表した。ボーレ島は小島だが、そこには捕鯨船の難破者のために、食糧が備蓄されている小屋があったからである。だが、向かうといっても、氷の上を五百六十キロも進まなければならないのである。

隊員たちは船内から、食糧などの荷物を運び出して八台のソリに載せた。三隻あるボートのうちの二隻も、ソリに載せて引いていく。気の遠くなるような行程である。

気が萎《な》えそうになる隊員に対してシャクルトンは、「われわれはかならず祖国へ帰らねばならない」と、いまは帰国が第一の目標であることを明示した。そして「われわれが団結して力を合わせれば、かならず困難も乗り越えて、帰国できる」と力づけた。

彼は隊員が船内から持ち出す個人の荷物量を、服装や寝袋などの必需品以外は一人当たり最高二ポンド（一キログラム弱）に押さえるために、みずから手本を見せた。

「どれほど価値のある品物でも、生き抜くために不要なものは一切、手放す決意をしてほしい」と説いたあと、彼は金のシガレットケースと数枚の金貨を取り出し、足元の雪の上に放り投げた。次いで、アレクサンドラ皇太后から探険隊に贈られた聖書を開き、中のページを破り取った。そして聖書を雪の上に置き、歩み去った。

隊員たちは感銘してシャクルトンに習った。シャクルトンは余計な荷物を大事にするよりも、いまや進行速度が何よりも重要だと考えたのである。

だが、シャクルトンにも判断の誤りはある。実際に氷上の行進を始めてみると、起伏が多くて一日に一マイルほどしか進めない。しょっちゅう氷の小丘にぶつかって、そのたびに斧を振るい、ボートを載せたソリを通す道を作らねばならないからだった。ボートを載せたソリは犬ではなく、人間が引くのだから、へとへとになった。道を作るほうも、へとへとになる。

出発して二日間その状況を見たシャクルトンは、すぐに方針を変えた。

「われわれが歩いて進むよりも、われわれが乗っている氷が風で流されて進むのに任せ、ここでキャンプをして、しばらく様子をみよう」

そしてまだ沈まずにいるエンデュアランス号に犬ゾリのチームを何回も派遣し、船内から物資を回収させた。つまり、予想外の事態が起きると、それまでの方針に固執せず、すぐに別の方針で対応する柔軟性をシャクルトンは持っていた。

さらに、私が何よりも感銘したのは、彼の人を見る目とその人物への対応であった。たとえば行進をやめてキャンプ生活に切り替えたとき、食糧の残量について数人で検討した。その席に、副隊長と船長以外に、ハーレーという写真家も呼んだ。

ハーレーは南極体験のある腕のいい写真家で、隊務も非常によくやる男だった。だが、お世辞に乗りやすく、おだてられて、いつも大事にされていないと気がすまない性格だった。自分が軽んじられたと思うとハーレーは、不満を感じて、その不満が他の隊員に伝染する恐れがあると、シャクルトンは判断した。

それで南極体験があるからとハーレーを呼んで、彼の意見を求めたのである。他のことでもシャクルトンは、たびたびハーレーの意見を聞いた。ハーレーは重要視されていると感じて、喜んで働いた。

シャクルトンは相手の機嫌を取ることはしないが、欠点のある男はそういう形で操縦したのである。白瀬中尉は、自分に忠告する多田書記長を遠ざけたが、シャクルトンは逆に、自分のほうから、問題だと思う相手に近づいて、取り込んだのである。

嫌われ、問題ある隊員は自分のテントに

これは他の隊員に対しても同様であった。シャクルトン隊は大きな流氷の上でテント生活に入っ

たが、テントは五つあった。各テントに隊員を割り振るときにも、シャクルトンは優れたリーダーシップを見せた。白瀬中尉なら、いや、普通の人間なら、自分のテントには自分と親しい者、あるいは自分が使いやすい者を、割り当てるだろう。ところがシャクルトンは逆だった。

彼は隊長として第一テントに入ったが、そこには、ほかの隊員に嫌われている者、あるいは問題を起こしそうな者を入れた。自己中心的な性格で、人の話をほとんど聞かず、そのために人をいらだたせるので、皆に嫌われていた若い航海士のハドソン。

科学者（物理学者）としての能力はきわめて高いが、恵まれた環境に守られて生活してきたために、実用的なことにはとても不器用で、仕事も怠けがちだったジェイムス。彼は性格的にはシャクルトンと正反対であった。

問題はない他の隊員一人とともに、このように問題を起こしそうな隊員二人を、シャクルトンは自分のテントに入れたのである。自分なら彼らを、容易に管理できるからであった。

もう一人、隊員中の最高齢、五十六歳になる船大工のマクニーシュは、他の隊員の平均年齢の倍以上であり、愚痴が多かった。船乗りとしての長い経験と、船大工としての腕を買ってシャクルトンは彼を採用したのだが、彼の愚痴が他の隊員の士気を落とすことを恐れた。それでシャクルトンはマクニーシュを、副隊長であるワイルドの二番テントに入れた。

このような措置は、単に組織管理という動機からだけではなく、こんな苦境に全員を陥れたのは自分の責任であり、かならず全員を無事に帰国させねばならず、そのためには、絶対に隊員に問題を起こさせてはならないという、シャクルトンのリーダーとしての重圧感覚から出たものであったろう。

十二月下旬、南極の夏を迎えてシャクルトンは、二カ月近くを過ごしたこのキャンプをたたんで、西に行進してパーマー半島に向かうことを決意した。パーマー半島の先端にあり、北西方向になるボーレ島を目指すよりも、西に進んでパーマー半島そのものにぶつかるほうが、距離としては近いからだった。しかし、それでも三百二十キロはあるのである。

クリスマスの前々日の二十三日に、全隊員が出発した。だが、行進のペースが、時には五時間かかってわずか八百メートルしか進めないなどという困難なものだと分かったために、五日後にはまたもやキャンプ生活に戻ることになった。

その間には船大工マクニーシュの、「いやになった。もうやめた」という、一人だけの反乱があった。また、狩猟で一定の収穫があった後に出現したアザラシ三頭を仕留めた隊員に、シャクルトンが楽観主義から、「もういらない」と持ち帰りを否定したことから、後日に食糧が不足してきて、隊員がシャクルトンを恨んだこともあった。

前者はシャクルトンの説教で解決され、後者は隊員のあいだでくすぶるだけで、表には出なかった。シャクルトンはあきらめることを何よりも嫌う男で、「かならず全員を帰国させる」という彼の断固たる決意が、口には出さなくても気迫となって全隊員を引っ張っていたから、隊員もアザラシ三頭の恨みを持ち出すような気持ちにはなれなかったのである。

シャクルトン隊はキャンプに好適な流氷を探して越年し、一九一六年となった。サウスジョージア島を出てからすでに一年と一カ月が過ぎていた。そのほとんどは流氷に閉じ込められた生活であった。新年に見つけた好適な流氷の上を、新しいキャンプ地とし、そこに四月九日までとどまった。

キャンプといっても、生活環境は最悪であった。南極は夏で流氷の表面はぬかるむのに、周囲をびっしりと埋め尽くした流氷は、ボートを出せるほどの海面を見せることはなかった。隊員たちは靴の中まで毎日びしょ濡れであるだけではなく、テントの中はもちろん、寝袋の中までほとんどいつも濡れていた。食糧不足も、いつも心配の種であると同時に、食事だけが毎日の最大の関心事であった。

難航三千三百キロを経て奇跡の全員帰還

シャクルトン隊が四月初旬にこのキャンプを離れたのは、ついに流氷が次々と割れて、流氷に乗っていられなくなったからであった。

彼らはボート三隻に分乗し、冬季に入りつつあったウェデル海西北部の荒海を、大変な苦労をして乗り切り、エレファント島にたどり着く。荒天の海で、ボート三隻がバラバラにならなかったことだけでも、奇跡的であった。

エレファント島はパーマー半島の先端よりもまだ先にあり、むろん岩だけの無人島である。シャクルトン隊は荒天のため、目指したボーレ島に着くようにボートを操作できなかったので、通りすぎてしまった。とにかくどの島でもいいから上陸したいと、必死の思いでつかまえたのが、エレファント島であった。

四月十四日のことであった。彼らは実に四百九十七日ぶりに、陸の土を踏んだ。足の指を凍傷で失った隊員はいたが、一人も欠けることなく島に上陸できたのは、まさに奇跡であった。

シャクルトン隊は結局、氷に閉ざされたままで、広大なウェデル海の鈍い角度のV字形の内側の陸岸に沿って、その東岸の端の沖から西岸の端の沖まで、ぐるっと半周したことになる。その距離は実に約二千キロ。

三隻目のボートは、新年に見つけた流氷上の前記キャンプに落ち着いてから、シャクルトンがエンデュアランス号の沈没地点まで犬ゾリ隊を派遣して、回収させたものであった。

エレファント島に上陸しても難関はまだ続く。少数のアザラシがいるだけで、緑の全くない岩だけの島の小さな浜では、二十八人の人間が、越冬できるかどうかも分からない。どこかへ救いを求めに行かなければならないのは明らかだった。

その救い主として、最短距離にあるのは、ほぼ真北にあるアルゼンチンの南端部、ケープホーンで、そこまでの距離は約八百キロ。だがこのコースは、世界最悪の海といわれるドレーク海峡を通らねばならないから、ボートなどで行けるものではなかった。

あとは、かつて一年五カ月前にエンデュアランス号がウェデル海に向かって出港した、サウスジョージア島である。そこに向かうなら、追い風を得られるから、ボートでも行けるかもしれない。だが距離は実に千三百キロメートル近くもある。

そして航海ができるようなボートは一隻だけ。それは長さ七メートル弱、幅一・八メートルにすぎない大きさで、マストは立てられるが、甲板もないという、ケアード号であった。そんなボートでは心細い限りだが、やるしかなかった。小さなボートで千キロ以上もの先を目指して冬の海に乗り出すのは、死そのものを意味していた。

だが、シャクルトンは、みずからが救援を求めに行くボートに乗ることを、まだ流氷の上でキャンプをしているときから内心で決めていた。

そして連れていく隊員五人は、操船に優れた船長ワースリーなど、航海に必要な者だけではなかった。島に残しておくとマイナスになりそうな者を、二人選んで乗せた。愚痴屋のマクニーシュと、甲板員のヴィンセントであった。

死そのものといえる航海に乗り出すに当たってもなお、シャクルトンは自分のことよりも、島に残していく隊員たちの無事を優先して考えたのである。これが真のリーダーであろう。探険船の部下たちを捨てて先に帰国してしまうような隊長と、シャクルトンとでは、天と地ほどのちがいがあるといえよう。

シャクルトンはケアード号に甲板を急造させ、一行六人は四月二十四日にエレファント島を出航した。そしてこれまた嵐に遭うなどさまざまな難局を克服して千三百キロ弱の荒海を乗り切り、六人全員が五月十日、サウスジョージア島到着を果たすのである。これまた奇跡のようなものである。氷に閉じ込められてから以後のシャクルトンの行程は、一年半で合計約三千三百キロにも及ぶことになる。

シャクルトン一行はサウスジョージア島の人々に、奇跡の生還であると感銘を与えたが、かんじんの救助船がなかなか雇えなかった。

彼らが小型漁船に乗ってエレファント島に戻ったのは、ようやく八月三十日のことだった。そのとき、島に残った者の誰一人として、シャクルトンたちがサウスジョージア島到着に成功したと思っている者はいなかった。『エンデュアランス号漂流』で以上のようなストーリーを読んだ私は、シャクルトンがのちに「世界最強のリーダー」といわれるようになったわけが、よく分かったという気がした。

管理職の良否が収納率を左右する（究極の滞納整理　Ⅵ）

「部下の二倍働く」気持ちを持ち続けること

前章では南極探険家シャクルトンの優れたリーダーシップを紹介したが、だからといって私は、国保を担当する管理職の皆さんに、シャクルトンに学んでほしいなどと大げさなことを言うつもりはない。

しかし、これも前章の冒頭で述べたように、どんな人の話でもリーダーシップについてのそれは、普通の人であるわれわれにとっても、参考になるところがあるのは事実である。

たとえば、シャクルトンが自分の性格からして、無意識にやっていたであろうことを、われわれ普通人は、意識的にやることによって、結果としてはシャクルトンと同じような成果を得ることができるかもしれない、などとも考えてみるのである。

また、偉大なシャクルトンのようなことはできないが、少なくとも白瀬中尉のようなことはやるまいなどと、自戒することもできるのではなかろうか。

これは平成十四年八月六日号の週刊朝日で読んだ記事だが、「悪い上司」のワースト・スリーが挙げられていた。それによると、ワースト・ワンは「ワンマンな人」で、次が「細かいことを言う人」、三番が「部下に仕事を任せない人」という順だった。なるほどと思った。

しかし、ワースト・ワンについていえばシャクルトンは、このワンマンのタイプではないかとも思うが、部下に親しむ努力をしたり、部下の性格を見て対応するところは、ワンマンともいえない。結局、ワンマンとは、強い性格で、すべてを自分の思いどおりにする上司のことであると定義すれば、シャクルトンはそうとまではいえない。

しかし彼は、比類のない困難な状況の中で、「かならず全員を帰国させなければならない」という、強い信念というか、責任感というか、あるいは自信というか、そういうものを持ち続けた。

そのように、シャクルトンが置かれた状況の困難度の高さを考えれば、そんな苦境の中で、そのような信念・責任感・自信を持ち続けるというのが、いかに超人的だったかが分かる。

私自身の体験については最後になってしまったが、いま考えると、こういう言い方はおこがましいかもしれないが、多少はシャクルトンにも似たことをやっていたとはいえるかと思う。

たとえば率先垂範である。「頭が動かねば尾は動かじ」という昔からの言葉があるが、リーダーみずからが動かないと、部下は動かないものである。

すでにこれまでの章でも書いたことだが、私は係長の時代も課長の時代も、部下に「現場に出よ」と言う以前に、私自身が電話催告でも夜間徴収でも、先に立ってやっていた。

通勤バスの時間の都合だからと部下には言って、午前七時四十分に出勤し、始業前に電話催告をしていたことは既述した。部下が担当していた滞納者の中から、悪質と思われるケースだけを百四十八件抽出して、私が引き受けて一件ずつ潰していったことにも触れた。

そういう私の姿に、部下は率先垂範を見て、ついてきてくれたと思う。そのおかげで、全体として好成績が挙がったのである。私の係長、課長時代の八年間、一年だけ除いて、鎌倉市が神奈川県下（市部）で保険料収納率のトップを維持できたのは、決して私一人の働きによるものでなく、私の姿を見て習ってくれた部下たちの働きの賜物であった。

この率先垂範を実行するには、常に「部下の二倍働く」という気持ちを持ち続けること、これがコツである。むろん、体力的には若い職員にはかなわない。しかし、気持ちとしてはそれぐらい働くんだという意志を持っていなければ、部下を引っ張っていくことはできないのである。

シャクルトンのようにやれただろうか

第二には、目標を明確に掲げることである。シャクルトンは常に部下たちに、「われわれはかならず帰国できる」「かならず帰国しなければならない」と、明確に目標を示し続けた。

私も、といえばこれまたおこがましいかもしれないが、係長時代も課長時代も、「神奈川県下の収納率一位をキープしよう」との目標を掲げ続けた。

「われわれは絶対に一位を確保しよう。収納率は数字がすべてで、いい数字を出しておかないと、何を言っても、いいわけになるだけだから」という言い方もした。

こう言い続けると部下にも目標が浸透して、働きやすくなる。特に私の係長時代の部下たちは、いい職員がそろっていて、みんな一丸となってやってくれた。そのおかげで、初めて係長として国保の徴収業務を担当したにもかかわらず、初年度から収納率一位を獲得できたのである。

そのようにして国保の徴収担当の係長を四年間つとめたあと、私は他の部署に転じた。そして三年後に、こんどは課長として保険年金課に戻ってみると、収納率トップの座が消えていた。

これは私が国保担当を去っていた三年間のあいだに、かなりの数の職員の異動があったせいでもあった。その異動で、それまで私が指導していた職員が、他の部署へ転出し、そのあとにきた新しい職員の中には、私が係長時代に部下たちに浸透させた考えかたを、否定する者がいたのである。

その職員はヒラではあったが、係の中では一番の年長者で、係の中を牛耳るようになったために、収納率が下がっていったのである。

私が課長として戻ってきたときにも、その職員が幅を利かせていて、私の指導方針を頑として受け入れなかった。

「夜間徴収なんて、やることないですよ。催告文書とかそういうものを工夫してやれば、いくらでも方法はあるんじゃないですか」と言って、いわば反抗していた。これでは私の指導方針を、係の中に徹底させることはできないと思ったので、次の年に、他の部署に転出してもらった。

後年になって私は『エンデュアランス号漂流』を読んだ。その本によりシャクルトンが、問題を起こしそうな部下には自分のほうから接近することによって、うまく操縦したり、皆が嫌っている部下を自分のテントに入れて問題発生を未然に防いだことを知った。そして私の課長時代の場合、問題ある職員に、どのように対応すべきだったかを、改めて考え直したりしたものであった。

優れた上司と優れた部下の組合せがベスト

次に第三番目には、管理職は部下を信頼して仕事を任せ、何か問題が起きたときにのみ適切な助言をし、責任はすべて自分が取るべきことを、挙げておこう。

こういう管理職であれば、部下は非常に働きやすいことを、私自身が国保担当の係長時代に体験した。私が係長になって初めて保険年金課に異動してきたときの課長が、そういうすばらしい管理職であった。

この人は、太っ腹で仕事を私に任せてくれて、細かいことをなにも言わなかった。いま振り返ってみれば、私が「収納率で県下一になる」という明確な目標を立てて、信念を持って仕事をやっているのだと見てとったから、そういう太っ腹な態度を貫いてくれたのだとも思うが、いずれにしろ、そういう課長が上にいてくれたから、私も好成績を挙げることができた。

この課長が、私の係長在職四年間のうちの前半二年間、私の上司だったので、私は思いっきり自分の思うように仕事ができた。その課長が転出した後もその余勢を駆って、三年目には現年度の収納率九七・七六パーセントという結果を出すことができた。この収納率は鎌倉市の記録になっており、現在でも破られていない。

そして滞納繰越分（滞繰）の収納率についても、本書一一ページの表にあるように、私の係長時代の最初の年とその翌年との二年間は、それまでの二〇パーセント台から四〇パーセント台へと、大きく引き上げることができた。

ところが、私の係長在職の三年目に、この太っ腹な課長が他の部署へ転出してしまい、新任の課長は非常にやりにくい人になった。それで現年度の収納率は前記のように、それまでの余勢を駆って最高記録を作ることができたが、滞繰の収納率は下がっていったのである。

新任の課長は私よりも年下である上に、財政や監査など管理部門の経験しかない人だった。若くして課長になったところから、少し舞い上がった印象のところもあった。

それはそれでよいのだが、課長としての現実の行動が、表には全く出ないというようなものであった。つまり、滞納整理で自分も滞納者を訪問したりしたことは一度もなく、いつも机の前に座っていた。

そして具体的に効果のある督促方法やポリシーを示すことなく、ただ「収納率を上げろ、上げろ」と言う。それと同時に、どうでもいいような細かいことに、次々と口を挟んできて、仕事がやりにくくてしかたがない。

さらには、「残業なんかやるな」とか「夜間徴収なんかやらなくても、もっとほかの方法で工夫して収納率を上げろ」などと言い出した。

さすがに私も切れてしまい、反論した。それでも課長は変わらなかったので、私は仕事に向けるべきエネルギーの相当部分を、その課長との軋轢《あつれき》に使わざるを得なかった。そのために、滞繰の収納率が、係長在職三年目と四年目には、落ちていったのである。

あの太っ腹な課長が、転出せずに在職していてくれたなら、私は滞繰についても係長在職の最後の年まで、四〇パーセント台の収納率を維持できたのではないかと思っている。

良い上司であるかどうかは、それほど部下の仕事に大きな影響を持つのである。いくら優秀な職員がいても、それを束《たば》ねるリーダー（管理職）もまた優れていなければ、滞納整理のベストの効果は挙がらないということであろう。

ふだんは脇甘くても問題起きれば毅然

最後に四番目として、毅然たる態度と、明朗であることを挙げておこう。

シャクルトンは南極において、いつも毅然としていた。これは、部下たちの命を預っている上に、彼ら全員をかならず無事に帰国させなければ、自分は生きていられないというくらいの、重い重い責任感と使命感が、彼を支配していたからのことであったろう。彼の頭の中には常に、隊長以下全員が力尽きて死んだスコット隊の前例があったはずである。それがおのずから、毅然たる態度として表れていたのだろう。

だが普通の人間は、そこまでしなくてもよいのである。上司たる管理職は、ふだんは部下に仕事を任せて、脇は甘くしていればいい。脇が甘いほうが、部下は相談ごともしやすいのである。そして懐を深くして、部下に安心感を持たせること。これで部下は、いっそう仕事をしやすくなる。

毅然たる態度は、何か問題が起きたときに、とるのである。私の係長時代の前半二年間当時の課長がそういう人だった。

たとえば私が滞納者と電話でやりとりしていたとき、滞納者が不当なことを言って私との話を一方的に打ち切り、課長に電話をかけ直してきたときのことである。その滞納者は課長に私の悪口を言い、さらには鎌倉市は職員の給料が高すぎる、保険料も高すぎるなどと言いたい放題。課長席は私の斜め後ろにあったから、課長は先ほどの私と滞納者のやりとりも知っている。しばらく滞納者の話を聞いてから、課長は一喝した。

「そんなに言いたいことがあったら、まず保険料を払ってから言えっ」

滞納者はすぐに電話を切った。このときのことは「さわやかな上司の一喝」の章で書いた。その後滞納者は市長室にまで電話をかけてきたが、課長は最後まで、私のほうが正しいとかばってくれた。こういうのが、毅然たる態度なのである。私はよい上司にめぐり逢ったと、感謝したものだった。

こういう場合、多くの上司は、私と滞納者双方の顔を立てるような、妥協的なことを考えて、事態を丸くおさめようとするものである。「うちの担当者も、一生懸命やってますから、まあまあ……」などとその場を取り繕って、滞納者をなだめて、あいまいなままで事を終わらせようとする。しかし、それでは部下のほうは、せっかく自分は正論で突っ張っているのに、なんだ、という気持ちになる。士気にも影響する。

だから上司は、部下が正しいことをやっているなら、どこまでもそれをバックアップしてやらねばならない。そうすると部下は、本当にその上司を信頼するようになり、仕事に励むようになるのである。

明朗であることというのも、職場の士気を保つためと、チームワークをよくするために、大切である。上司がどんなキャラクターであるかによって、その職場の雰囲気が決まるといってよい。

多くの管理職は、ふだんは自分の性格と職場の雰囲気の関係についてなど、考えることもないだろう。しかし、仕事をしやすくするため、仕事の効率を挙げるためという観点から、それを考えてみれば、いろいろなことに思い当たるのではないか。自己省察は常に人間を懐深くする。

あとがき

平成八年七月二十四日・二十五日、国保中央会の主催により九段会館で開かれた第三十八回全国都市国保主管課長研究協議会の二日目に、私は「収納率の向上をめざして」(滞納整理の要諦)なるテーマで約二十分ほど意見発表を行った。

全国の都市の国保担当課長数百人の前でものを言うのは、緊張するとともに、収納率向上のために私はこのような苦心をしていますが、あなた方はどうですか、と問いかけるような気持ちでもあった。

その日からまもなく、「国保新聞」の水野利秋編集長から、電話をいただいた。

「先般の都市国保研究協議会で小金丸課長が発表された話について、読み物風にして国保新聞に連載したいのですが、いかがでしょうか」

私は驚いた。

自分が研究協議会で語った素朴な体験談が、まさか新聞の連載記事になるとは思わなかった。しかし次の瞬間、光栄であるとも思い、やってみようかという気持ちが生じた。だが同時に、自分にそんな大役ができるかどうかとの危惧も感じた。

前向きの気持ちと不安とが交錯し、迷っていると、水野編集長が問いかけてきた。

「現場での体験を、軽い気持ちで書いていただければ結構ですよ。さしあたり、十回くらいの連載でどうでしょうか」

これを聞いて私の気持ちが決まった。

私はつね日頃、保険料の滞納整理の業務は地味な仕事で、一般の人にはほとんど理解されていないと感じていた。

いや、一般の人どころか、市役所のなかでさえも、ほかの部門の人たちには国保担当者の営々とした滞納整理の苦労が、知られていないと感じていた。

だから新聞に国保担当者の現場体験記を書けば、役所内部の人たちにわれわれの仕事を理解してもらえるチャンスになるのではないか、引いては一般の人たちにも、少しでも国保事業の実際を知ってもらう手段を提供することになるのではないかと思った。

「分かりました。どこまでできるか分かりませんが、やってみたいと思いますので、よろしくご指導ください」

私は自分の非力も省みず、結局、引き受けてしまった。こうして平成八年九月から国保新聞の紙上で「国保保険料・収納奮戦記」の連載が始まった。

それからは苦闘の連続であった。毎回、なにをテーマにするか、どのようなスタイルで書こうか、読者はこんな話を読んで果して面白いと思ってくれるだろうか・・・などといつも自問自答していた。

私が最初に国保を担当したのは、昭和六十二年度から平成二年度までの四年間、鎌倉市役所保険年金課の保険料係長としてであった。

当時の上司であったT部長が、私に言った言葉は忘れられない。

「お前の係は数字がすべてなんだ。収納率が上がらなくては、いくら他の仕事を一生懸命やっても、だめなんだよ。とにかく、いい数字を残せ」

ハッパをかけられたのである。

「数字がすべてだ」という言葉には、いまになってみると問題がないわけでもないという気がするし、T部長自身も、徴収の現場にはその言葉だけでは割り切れない現実があることも知っておられたと思うが、初めて徴収業務にあたる私に対しては、そのように割り切った言葉で励ますほうが良いと判断されてのことであったのだろう。

当時の私はその言葉を信じて、がむしゃらに徴収業務に取り組んだ。収納率を神奈川県下十九市でトップにしたいと考えて、特に大口滞納者への滞納整理に力を注いだ。

その結果、四年間の在籍中に私は、日常の徴収・督促の仕事のほかに、毎月一、二回の休日出勤と、毎週二、三回の夜間徴収を実行した。

これは計画してそうなったのではなく、自然にそうなったのである。

つまり、私が担当した、悪質と思われる長期滞納者二百人から二百五十人を追いかけていくと、どうしても仕事が夜になったり、休日になったりしてしまうのである。

そのようにして私は、悪質だと思われる滞納者に対しては、とことん追いかけたが、なかにはどうしても払ってもらえなかったケースもいくつかあった。

その理由が、自分の追及に甘さがあったのか、あるいは、滞納の理由が悪質というよりも、本当に払うに払えない状況であったせいなのかと、いまもって見きわめがつかないところもある。

そんな最初の四年間の現場での体験のいくつかを、連載で紹介させていただいた。

そして私はその後、平成六年度にふたたび保険年金課に、こんどは課長として戻ってきた。同じように滞納整理業務に当たるなかでも、こんどは自分が前任時とは違うものの見方をしたり、特に滞納者に直接に督促に当たったときに、人に対する見方が前とは違ってきたことを感ずることもあった。

前任時の体験とのそのような相違が、あるいは記事のなかにも出ていたかもしれない。

連載は水野編集長の巧妙な指導によって、当初予定していた十回から、実に二十六回にまで延びて、平成九年の七月に及んだ。自分でも予想外のことだった。これは、日頃はなかなか理解されない徴収業務にあたっている全国の国保担当の〝同志〟たちが、共感をもって読んでくださったおかげであろう。

すでに本文のなかでも何度か述べたことなので蛇足という気もするが、私の通算七年余りの保険料徴収の現場での体験で、最も大切だと思う心構えが二つある。

第一は、徴収を担当する職員には、「負担の公平」という大原則を身体で分かってもらいたいということである。頭で分かっているだけではだめなのである。

第二には、数多く現場に出て、滞納者と直接に話をしてほしいということである。

私はこの二つが、保険料徴収の仕事の要《かなめ》だと今でも信じている。

私が記事に書いたことのなかから、読者にこのことを読み取っていただければ幸いである。現在の国保制度が続く限り、滞納整理の業務は永遠の課題であると思う。辛く、地味な仕事だが、全国の国保担当者のみなさんに頑張っていただきたいと思う心が切である。

連載が半ばを過ぎたころに、水野編集長を通じて㈱社会保険出版社から、記事を単行本にまとめないかという、予想外の申し出をいただき、ありがたくお受けすることにした。

単行本化に当たっては、「介護保険準備担当を命ぜられて」「とにかくやってみるしかない」を加筆した。

最後に、連載の機会を与えられご指導いただいた国保新聞の水野編集長と、単行本化に当たってお世話になった㈱社会保険出版社の佐野代表取締役、連載中に温かい応援をいただいた竹内謙鎌倉市長と鎌倉市役所の先輩、同僚、後輩たち、励ましの電話やお手紙をくださった全国国保担当者の〃同志〃のみなさんに感謝の言葉を述べておきたい。ありがとうございました。

平成九年十月十四日

小金丸　良

増補版のあとがき

本書を平成九年十月に出版させていただいて以来、早いもので六年以上が過ぎた。思いがけないほど反響が大きく、その間に北は北海道から南は宮崎県まで、全国三十九もの都道府県から、講演の依頼を受けた。

講演の依頼者は、都道府県単位のところが多かったが、市レベルあるいは民間からの依頼もあった。

講演は国保担当者の研修会において、という場合が多かった。主として一般職の人、係長・課長クラスの方々が対象であったが、時には収入役の方々の研修会で、ということもあった。

そして講演の回数は、六年間で実に七十四回にも及んだのだから、国保保険料の滞納問題がいかに全国自治体の国保運営の悩みとなっているかを、あらためて痛感させられた。

私が講演でお話ししたのも、むろん保険料収納率をいかにして向上させるかということであった。

私自身の国保担当時代の現場での体験を元にして、分かりやすくお話ししてきたつもりである。

そのようにして講演には慣れてきたものの、気がかりは私の話が聞いていただいた方々にどのように受け取られているかということであった。

いくつかの県では、私の講演が終わった後で、感想を聞くアンケートを取っていた。F県とW県へ講演に行った際にも、アンケートをとるということだったので、私は研修担当者に、「どんな結果が出ても気にしないから、アンケートの集計結果を教えてください」とお願いした。

数日後に送られてきたアンケート結果は、両県とも、八〇数パーセントの人が私の講演について「大変よかった」または「良かった」と答えてくれた。

しかし、残りのうちの数パーセントの人は、「自慢話が多かった」「余談が多かった」という答であった。

どんな話でも、一〇〇パーセントの人を満足させることはできないのではないかと思った反面、この少数意見は自分の貴重な反省材料でもあると思った。いずれにしろ、国保担当の方々に、少しでも参考にしていただけたなら、自分としては満足という気持であった。

と同時に、皆さんの前で話を重ねていくに従って、収納問題が国保の命運を握っているという思いが、ますます強くなってきた。

このたび社会保険出版社から、本書の増補版を出したいというお話しがあった。それならまた収納率向上のために参考にしていただく機会にもなると考え、いくつかの章を新たに書き下ろした。それが「〝幸福の与件〟――海外医療保険事情」以下の七章である。

私は昨年四月には定年を迎え、いまは社会保険労務士として、ささやかな活動をしている。そういう立場から、国保を直接担当した八年間を振り返えりながら、前記の新たな章を書いてみた。

最後に、増補版出版の機会を与えていただいた社会保険出版社に感謝するとともに、全国の国保担当の方々のご健闘を切に祈りたい気持である。

平成十六年二月

小金丸　良

著者／小金丸　良（こがねまる・かたし）

昭和18年２月	横浜市に生れる。
昭和40年３月	中央大学法学部卒業。
昭和40年４月	鎌倉市役所勤務。 保険年金課国保保険料係長、 保険年金課長、 保険福祉部次長、福祉事務所長等を歴任。
平成15年３月	同市役所定年退職。 現在社会保険労務士として活動中。

新　国保保険料　収納課長奮戦記

2004年4月5日　第１刷発行

著　者　小　金　丸　　良

発　行　(株)社会保険出版社

本　　社　東京都千代田区猿楽町１－５－18
〒101-0064
電話 03-3291-9841㈹　振替 00180-8-2061番
大阪支局　大阪市中央区南船場２－12－10
電話 06-6245-0806
九州支局　福岡市博多区博多駅前3-27-24
電話 092-413-7407

印刷／大日本印刷株式会社　ISBN 4-7846-0198-8
定価はカバーに表示してあります